传记丛书
世界名人

米开朗基罗

下

卢劲彬⊙编著

北方妇女儿童出版社

打伤了鼻子

住进了府邸，米开朗基罗不仅得到罗伦左先生和老师白托多的照顾，更重要的是他每天都可以学到自己深深热爱的雕刻艺术，他感到再没有什么奢求了。

但是，他的幸运自然也就遭到许多人的嫉妒。有一天，他一个人走在花园里，迎面走来自己刚来圣·马可花园时的好朋友托里吉安尼。

见到他，米开朗基罗很高兴，兴冲冲地走上前，向他打招呼。

"你好吗？托里吉安尼，我好像很久没见到你了。"

"是啊，现在你住在府邸里，怎么会见到我们这种人呢？"托里吉安尼阴阳怪气地说。

米开朗基罗觉得他的语气有些不对头，不知道为什么，自己从前无话不谈的好朋友，会这样和自己说话。但是想一想，也许是自己太敏感了，于是，他仍平和地说：

"是啊，其实我有时真想你们，想念我们在一起学习的时候。托里吉安尼，你好好学，一定也有机会住进府邸的。"

"好好学?!"托里吉安尼用鼻子"哼"了一声，"我想，光靠好好学是不行的，我又不会像某些人那样

SHIJIEMINGRENZHUANJICONGSHU

米开朗基罗

103

耍小滑头，讨罗伦左先生的欢心。比如敲掉半羊神的牙齿之类的。"

"你好像是嫉妒了?"米开朗基罗禁不住说。

"我嫉妒，嫉妒谁，难道是你吗? 我怎么会嫉妒你这样一个令人讨厌的假正经。你才来圣·马可学校几天。你不就会用肮脏的手画几根木炭线条吗?"

"可是至少我画的线条不坏。"

"可是我的线条就不如你的吗?"托里吉安尼有些失去控制地嚷着。

正在这时，白托多先生走过来，托里吉安尼马上闭了嘴，和白托多先生匆匆打了个招呼，转身走开了。

"发生了什么事，我的孩子?"白托多抚摸着米开朗基罗的头问。

"没什么。"米开朗基罗显得有些委屈似的摇了摇头，跟着白托多先生往工作室走去。

"难道友谊就这样脆弱吗?"他在心里暗暗问自己。

从那天起，托里吉安尼就越来越记恨米开朗基罗，只要一有机会就挖苦他。

自从住进府邸后，平常都是由白托多单独给米开朗基罗上课。但是，白托多先生对他的学生们有一项特殊的训练，就是每周都要到教堂去几次，临摹那里大师们的作品，这时候，米开朗基罗要跟大家一起去。

一次，大家正在小教堂里画素描。托里吉安尼故意把他的画板放得靠近米开朗基罗，还把胳膊肘搭在米开朗基罗的手臂上。

米开朗基罗没有吭声，把自己的胳膊抽出来，又挪了挪自己的板凳；可是托里吉安尼却生气了，用眼睛狠狠地瞪着米开朗基罗。

"你靠在上面，我的手不方便，画不下去。"米开朗基罗解释道。

"是啊，这哪有自己用一间工作室舒服呀！"

米开朗基罗知道托里吉安尼是有意想要惹自己生气，所以也不理他，接着画自己的画。

"别装模作样了，这些壁画我们都临摹了有 50 遍了，还有什么可学的。你还不是装出好学生的样子，给白托多先生看。"

"我可不是装相，我只是觉得，虽然我们临摹了这么多遍，可是谁也没有画得像伟大的马萨丘那样好。"

"我只想画得像托里吉安尼，这对于我就足够了。"

"可我觉得不够！"米开朗基罗终于被他没完没了的纠缠弄得不耐烦了，提高了声音朝托里吉安尼吼道。

没想到，对方却并没生气，反倒咧嘴笑了笑，接着又说：

"有些人做了得意门生，还要做这些小孩子的练习，我真感到意外。"

"对于头脑像小孩子的人，才会觉得这是小孩子的练习。"

这话可把托里吉安尼惹火了，"那么你是在说，你的头脑比我高明了。哼！你除了会画几笔画，什么都不会。我在刻石雕的时候，你还在捏泥巴呢！你根本不知道你自己有多么渺小，住进了罗伦左先生的府邸，就以为自己了不起了。我告诉你，你永远也成不了伟大的人。正像俗语说的'渺小的人过渺小的生活，伟大的人过伟大的生活！'"

"像你这种'伟大的人'，只会吹伟大的牛皮。"米开朗基罗不慌不忙地说。

"你这是在侮辱我！"

这时，托里吉安尼勃然大怒。只见他站起身，一把揪住米开朗基罗，把他从板凳上拉起来。还没等米开朗基罗反应过来，托里吉安尼的拳头已经重重地打在了他的鼻子上。

米开朗基罗只觉得一阵眩晕，嘴里一下子涌进一股血腥的味道。他感到四周一团混乱，好像有白托多的喊声。随后他眼前一黑，双膝一软，失去了知觉。

等他醒来的时候，已经睡在府邸里自己的床上。他抬眼看看，罗伦左先生和他的医生里昂尼，还有老师白托多都坐在自己的床周围，俯身看着他。见他醒来，大家都很高兴。

米开朗基罗觉得自己的头特别疼，迷迷糊糊地又闭上了眼睛。

这时，他听见有人进来说：

"托里吉安尼跑了，他离开了这座城市，阁下。"

"派人骑马去追，我一定要好好惩罚他！"这是罗伦左先生的声音。

一会儿，米开朗基罗感到医生在用手摸索他的脸。

"鼻梁打碎了，恐怕要一年工夫才能好。现在鼻道已经完全堵塞了。要是他幸运的话，也许以后还能通过鼻道呼吸。"说完这话，医生伸出一只手，扶起米开朗基罗，另一只手拿着一杯药递到他的嘴边。

　　"喝吧，这药可以让你好好睡一觉，等到醒来的时候，就不会觉得那么疼了。"

　　等到米开朗基罗再醒来，屋里只剩下他一个人了。疼痛这会儿都集中到一点上，他感到眼睛和鼻子后面一跳一跳的疼。

　　他想看看自己现在到底是什么样子了，但是还有些不敢看。最后他终于扶着身边的盥洗架站起来，鼓足勇气走到镜子前。

　　天啊，他几乎不认识自己了。托里吉安尼的大拳头使他的整个脸都变了形。米开朗基罗觉得难过极了，不愿再看镜子中的自己，跌跌撞撞地又回到床上去。

　　这时候，他听见门被人轻轻地推开了。他把被子拉上来，盖住自己的脸，一动也不动地在那里装睡。他现在不想见任何人。

　　这时，来的人掀开了米开朗基罗的被子，米开朗基罗禁不住抬头一看，原来是康黛辛娜。

　　康黛辛娜看见米开朗基罗这副样子，眼泪都险些流出来。

　　"是不是很疼呀，米开朗基罗？"

　　虽然疼得厉害，米开朗基罗可不愿意在女孩子面前表现出来。他一边摇头，一边说：

"不是很痛，挺一挺就过去了。"

"出了这样的事，我们大家都很难过。"康黛辛娜接着说。

"都怪我自己不好，是我说的话惹恼了他。"米开朗基罗努力地想要自己坚强些，宽容些，显出点男子汉的风度，但是，一阵阵的疼痛袭来，又想想自己那张脸，只感到热辣辣的眼泪刺着眼睛，他忍不住说：

"可是，我现在多难看呀！"

拒绝命令

米开朗基罗的脸大约过了一个月才渐渐消了肿，但是那个被打扁了的鼻子，却成了米开朗基罗终生的标志。开始时，米开朗基罗觉得自己难看极了，尽量避免见人，只有到了夜深人静的时候才出去走走。

但是，随着时间一点点过去，米开朗基罗也逐渐适应了，他又开始了正常的生活，每天跟着白托多先生学雕刻。而且，他的进步越来越快，常常得到罗伦左先生和老师白托多的夸奖。

有一天，罗伦左先生的大儿子彼埃罗派一个侍从来找米开朗基罗。

"彼埃罗·德·美迪齐阁下命令米开朗基罗到他的前厅去报到。"那个侍从对米开朗基罗说。

米开朗基罗觉得"命令"这两个字很刺耳，他随着侍从往彼埃罗家走，一边走，一边心中暗想：

　　"彼埃罗和他的父亲是多么不一样呀。罗伦左先生总是征求我的意见，问我是不是愿意到他那里去。而他……"

　　想着想着，他们已经来到了彼埃罗的前厅。只见他的夫人阿丰西娜坐在一张大红的王座式的椅子上面，穿着镶嵌珠宝的灰绸缎袍子，米开朗基罗进来，她没打招呼，连看都没看他一眼。

　　彼埃罗背朝门坐着，装作没有听见米开朗基罗进来的样子，过了几分钟，才慢慢地转过身，对站在那里的米开朗基罗说：

　　"米开朗基罗，我的父亲总是夸奖你，说你刻的石雕好。现在，我希望你用大理石给我的夫人雕刻一个肖像。"

　　"谢谢您给我这样光荣的任务。但是，非常遗憾，我不会雕刻肖像，关于这事，你可以去问我的老师白托多。我怕画的不像，反倒惹得您和您的夫人生气。"米开朗基罗说。

　　听到这样的答复可气坏了彼埃罗，他瞪圆了眼睛，冲着米开朗基罗高声道：

　　"米开朗基罗，我命令你给我的夫人刻一个大理石肖像。"他说这话时，重重地强调着"命令"两个字。

　　这时，坐在一边的阿丰西娜显出很不耐烦的样子，冲着他们摆了摆手，高声说：

"请到你自己房间去讨论问题吧，彼埃罗！"

彼埃罗怒气冲冲地打开一道门，大模大样地走了进去。米开朗基罗跟在后面。他看到彼埃罗的房间里摆放着很多精美的雕刻和绘画，由衷地赞叹道：

"阁下，您的艺术鉴赏力太出色了！"

"我想要听你的意见时，自然会问你。现在，我想要你解释一下，你为什么那么骄傲，总认为自己比我们家里雇用的其他人要高出一等。"

"我从来也没这样认为。"米开朗基罗对他的问话感到有些莫名其妙地回答说。

"我们家有一百多个从事各种艺术行业的人，他们都靠我们家的钱过日子，我们叫他们干什么，他们就得干什么，从来没有人拒绝我的命令。"说到这里，彼埃罗停了停，接着又说，"就这样，明天一早，你到我这里来，为我的夫人雕像。记住，一定要把她雕得很漂亮。"

"这恐怕连世界上最伟大的雕刻家也做不到。"

米开朗基罗这话一出口，只见彼埃罗腾地一下子从椅子上站起来，一只手指着门，冲着米开朗基罗怒喊道：

"滚！你这个不识抬举的乡巴佬，快点卷起你的铺盖卷，从我们家滚出去！"

米开朗基罗听了这话，转身头也不回地就往外走，快步走回到自己的房间，开始收拾行李。这时，有人敲门，是康黛辛娜。

“我听说你拒绝给阿丰西娜雕刻肖像。”

“是的，我拒绝了！”

“为什么？”

“我是在这里学雕刻的，我不是任何人的奴隶。”

“可是，要是我的父亲要求你给他刻雕像呢？你也会拒绝吗？”

“也许不会。”

“那又是为什么呢？”

“彼埃罗并不是要求我，而是命令我！”米开朗基罗在说这话时，又气愤又委屈，他觉得自己一定要离开这个地方，既然已经有人下了逐客令，于是回身接着收拾自己的行李。

正在这工夫，罗伦左先生听到消息赶到了。一进屋，他就气呼呼地说：

“我绝对不允许这样的事情在我们家发生！”

米开朗基罗以为罗伦左先生一定是站在自己的儿子彼埃罗一边，来到这里责怪他。于是，他倔强地站在罗伦左先生对面，语气坚决地说：

“我不会道歉的，罗伦左先生！”

一听这话，罗伦左先生反倒乐了。“没有人让你道歉呀，我的孩子。”他说，“你是我请到府邸来的，我对你说过，从那一天起，你就是我们家庭的一名成员。没有人可以命令你做任何你不想做的事，更不能命令你离开。”

听了这番话，米开朗基罗感动得眼泪在眼圈里直转，双腿都好像一下子没有力气了，一时间不知道说什么才好。

大家都静静地站在原地，这时米开朗基罗说话了：

"我应该向彼埃罗道歉，我对他的夫人说了不礼貌的话。"

"他也应该向你道歉。"罗伦左先生笑笑说，这时他注意到米开朗基罗刚才弄乱了的衣物，"今天的事不怪你，但是你不应该一赌气就要走，你还有许多东西要学，怎么能说走就走呢？"

听了这话，米开朗基罗不好意思地笑了。

一

成熟历程

在柏拉图学院里，米开朗基罗踏上了成熟历程，伟大的诗人和思想家使他渐渐懂得了人生的许多道理。可是，他却仍然不停地追问："真理到底在哪里?"

他们使我觉得自己很愚蠢

正如罗伦左先生那天说的，米开朗基罗还有许多东西要学。他要把米开朗基罗培养成一名雕刻大师，那么米开朗基罗需要学的就不仅仅是雕刻。

罗伦左先生有一个伟大的理想，就是复兴古希腊时期的文化。为了这个理想，他不仅建立了圣·马可雕塑学校，而且还成立了"柏拉图学院"，这是当时一所著名的大学，学院里会集了许多出色的思想家，其中最著名的有费钦诺、兰丁诺、波里齐亚诺和米兰多拉。

这四个人在佛罗伦萨的乡下都有自己的别墅，他们每周到罗伦左先生的图书馆来几次，以他们为核心，举行关于哲学和诗歌的讨论会，有时也对当时的一些社会现象发表一些谈话，帮助罗伦左先生工作。

一天，罗伦左先生觉得时机已经成熟，就把米开朗基罗带到当天举行的哲学辩论会上。

罗伦左先生并没有把他介绍给大家，只是把他安排在一张椅子上坐下旁听。米开朗基罗认为，罗伦左先生既然让他到这里来，就一定有他的道理，所以他聚精会神地听着。

大家在讨论当时的宗教和政治问题时，米开朗基罗只是知道他们在激烈地争论着什么，好像有一个叫萨伏那洛拉的人要来佛罗伦萨，而这个人的到来对于罗伦左先生来说，显然不是个好消息。至于其他的，米开朗基罗都听不太懂。

讨论到了间歇的时候，波里齐亚诺走到米开朗基罗面前，问了他几个问题。米开朗基罗简单而又勇敢的回答，使他觉得有趣而又可爱，波里齐亚诺很快就喜欢上了他。

这时罗伦左先生又走过来，把米开朗基罗介绍给在座的各位，告诉他们自己想把他培养成伟大的雕塑大师，成为多那太罗的继承人。

听了这话，大家都把注意力转到米开朗基罗身上。

年纪最大的兰丁诺走到米开朗基罗身边，问：

"你读过著名的希腊雕刻著作《拉奥孔》吗?"

"我一点都不知道，先生。"米开朗基罗坦白地说，同时为自己的无知感到很难为情，脸都涨红了。

兰丁诺笑了笑，"那没关系，我现在就可以给你读。"说着，他果真来到书架旁，很快就找到了他要的那本《拉奥孔》，然后翻开一页，对着米开朗基罗读起其中的一段来：

"这座雕刻可以说是超出一切绘画之上的。它的形象，包括主要的人物和孩子，还有那两条复杂精彩的蟒蛇，都是用一块完整的石料雕刻出来的……"

还没等兰丁诺读完，在一边的米兰多拉又开口了：

"我认为，米开朗基罗应该读读包散尼亚斯的希腊文原著。我下次就把包散尼亚斯的手稿给你带来。"

　　"可是，我不懂希腊文呀！"米开朗基罗不好意思地说。

　　"没关系，我可以教你。"波里齐亚诺这时候插嘴道，"一年以后，我保管你不仅能读希腊文和拉丁文写的东西，而且还可以自己用它们写诗了。"

　　这时大家都纷纷发表自己的意见。

　　"要学希腊文，荷马的作品是最纯正的。"

　　"阿里斯多芬要更引人入胜些，尤其适合教米开朗基罗这么大的孩子，可以一边笑着一边学。"

　　大家你一言我一语地出着主意，把米开朗基罗弄得哭笑不得。直到他们换了话题，米开朗基罗才舒了一口气。

　　辩论会结束后，米开朗基罗一声不响地回到自己的房间。他觉得心里沉甸甸的，要想当一名伟大的雕刻家，原来需要这么多知识，甚至还要懂拉丁文和希腊文。早知道这样，当年在学校里，跟佛朗切斯科先生好好学拉丁文就好了，也不至于今天出这么大的丑。

　　米开朗基罗闷闷不乐的样子被白托多先生看得一清二楚，连忙问他：

　　"又怎么了，我的孩子。"

　　米开朗基罗忍不住，把今天在辩论会上的事都告诉了老师，然后哭丧着脸说：

　　"他们使我觉得自己很愚蠢。"

白托多一听这话，笑着说：

"傻孩子，你不用着急。你还小，还有时间学习。哪有人生来就什么都会呢？再说，你不是也看见了，有那么多人想要帮助你，他们都是欧洲最优秀的思想家，我相信你一定会进步得很快的。"说到这里，为了安慰米开朗基罗，白托多又补充了几句，"再说，你别忘了，他们虽然都会讲拉丁文，可是，他们不会雕刻大理石呀。"

老师这番话，的确给米开朗基罗很大安慰。他在心中暗暗下了决心，一定要好好珍惜自己的时间，努力学更多的东西。

真理在哪里

从那次以后，刚刚 16 岁的米开朗基罗就成为"柏拉图学院"的特殊学生，每次讨论会，他都不会错过。

开始时，米开朗基罗觉得诗歌学起来很困难。一次，他学得烦了，就发牢骚说：

"我想当雕刻家，又不想当诗人。为什么要整天学这些诗歌，耽误我的时间。"

"十四行诗格律严谨，跟大理石浮雕一样。教你写十四行诗，就是训练你的逻辑思维和构思能力。"米兰多拉说。

波里齐亚诺接着补充道：

"你一定不能放弃诗歌，要想成为一名完美的艺术家，光会画画、雕刻和建筑，这些还不够。要想表现得完美无缺，你首先必须是个诗人。"

米开朗基罗仍然没有真正搞懂，诗歌对于雕刻究竟重要在哪里？但是，为了做一名完美的艺术家，他还是认真地跟着他们学起来。

他们教他朗读用平民语言写的诗歌：但丁、彼德拉克、贺拉斯、维吉尔……渐渐地，米开朗基罗开始喜欢上这些诗了。

尤其是但丁的《神曲》和彼德拉克的十四行诗。他整天爱不释手地捧着这几本诗集，常常熬夜读这些书，连觉也顾不得睡。他进步很快，没多久，已经可以熟练地背诵其中很多优美的段落了。

在这些学者中，对米开朗基罗帮助最大的要数波里齐亚诺。自从第一次和米开朗基罗谈过话以后，他就喜欢上了他，觉得米开朗基罗身上有一种特殊的力量。他常对别人这样说：

"米开朗基罗一定会有大出息的，他以后的成绩恐怕会超过我们所有人。"

他邀请米开朗基罗到他家里做客，米开朗基罗去了一次又一次，渐渐地，就成了他家里的常客，两个人往往忘记了年龄的界限，像好朋友一样相处。

波里齐亚诺一有时间，就给米开朗基罗讲古代那些伟大人物的思想。他总是尽量讲得通俗易懂些，然后再由浅入深，让米开朗基罗慢慢理解透彻。

除了讲别人的思想，波里齐亚诺还常常把自己产生的许多想法说给米开朗基罗听，而他的新思想常常都会使米开朗基罗非常激动。

一天，米开朗基罗又到波里齐亚诺家做客，晚上住在那里。夜里，米开朗基罗醒来，看见波里齐亚诺仍在书房里工作，于是走进去。

只见他的桌子上放着一支忽明忽暗的蜡烛，整个身体伏在一本又大又厚的古书上，正在翻译着一本古希腊哲学家的文章。

见孩子进来，波里齐亚诺停下手中的工作。

"这是谁的书？"米开朗基罗问。

"是古希腊一位伟大的哲学家苏格拉底的。"说到这里，波里齐亚诺站起身，在屋子里踱来踱去。

米开朗基罗看他不再工作，于是追问着：

"请你给我讲讲他的故事吧。"

"苏格拉底出身于一个贫寒的家庭，他父亲是一个雕塑家，并把自己的手艺传给了他。他们开始一块儿制作纪念碑，但是别的东西吸引了苏格拉底。他具有演说的才能，于是，他离开了父亲，开始漫游雅典，教给那里渴望学习的人以智慧。人们都非常喜欢听他讲演。他出现在哪里，人们就聚集在哪里。他常常对人们说，其实他什么也不知道，他想成为一名对人们有用的人。他只是会引导别人自己教育自己。在这一点上，他有一点儿像他的母亲，他的母亲是一个职业接生婆。"

米开朗基罗觉得这说法很奇怪，满脸困惑地看着波里齐亚诺。

波里齐亚诺于是接着说：

"他的母亲促成人的降生，而苏格拉底则促成每个人心中真理的降生，他点燃了人们心中真理的火炬，并以自己及其痛苦的死展示了哲学的伟大……"说到这儿，波里齐亚诺停住了，他看米开朗基罗仍然听得入神，就抚着他的头说，"关于苏格拉底的故事和他的思想，可不是一晚上可以讲完的。太晚了，灯也快灭了，我们下次再谈吧。"

米开朗基罗正听到兴头上，可是看看波里齐亚诺那疲惫的样子，觉得是该留给他些时间去睡觉；于是就有些不忍离开地向他道了声"晚安"，回自己房间去了。

日子就这样一天天过去，转眼工夫米开朗基罗在柏拉图学院已经学习一年多了。在老师的教导下，他生活得非常充实，觉得自己几乎每一天都在成熟。但是，过了一段时间以后，米开朗基罗发现，学院里有些人不再来了，而且大家争论问题时，开始越来越多地提到萨伏那洛拉的名字。

一个星期天的早晨，米开朗基罗正在读但丁的《神曲》，这时，格兰那齐走进来。

"你快读完这一段，我们一起去教堂。听人说，萨伏那洛拉来到佛罗伦萨了，今天要在教堂讲话。"

一听这话，米开朗基罗马上把书放好，跟着格兰那齐就往外跑。他很想看看这个萨伏那洛拉是怎样一个人，为什么和罗伦左先生在一起的人，多半都不喜欢他。

米开朗基罗他们赶到时，看见有人已经站在教堂的宣讲台上，别人告诉说，那就是萨伏那洛拉。他个子不高，穿着一件黑色的道袍，也许是衣服过于肥大，所以他看上去很瘦弱。那张脸也很消瘦，一双蓝色的大眼睛似乎充满了愤怒。

他开始宣讲了，声音很大，好像还很激动。他讲的一些事情，米开朗基罗还不能完全理解，但是他知道，他在说罗伦左先生的坏话，认为他的思想是有害的，而罗伦左想要恢复古希腊的文明的做法也是错误的。

萨伏那洛拉很有演讲的才能，他的话使台下的大多数人们都非常激动。米开朗基罗注意到，罗伦左先生和他家里的其他人也来了。

罗伦左先生站在人群后面，开始时，他的态度还比较平和，脸上好像还带着一丝无所谓的表情。但是，当萨伏那洛拉攻击罗伦左是佛罗伦萨的暴君，人们必须建立一个新政府，由他——萨伏那洛拉来统治佛罗伦萨，这时，罗伦左先生的脸色有些不对了。

听完了萨伏那洛拉的演讲，米开朗基罗和大家一起离开了教堂。他感到非常难过，但是又不知道这难过到底是为了什么。

当天晚上，米开朗基罗又来到波里齐亚诺的别墅。他想要听听波里齐亚诺怎么解释这件事。为什么原来在佛罗伦萨，几乎每个人都尊敬的罗伦左先生，现在却被萨伏那洛拉说得一无是处呢？而且大家好像还认为他说的对，没有人反对他，甚至还有人给他鼓掌。这一切都是怎么回事？

可是，波里齐亚诺没有和米开朗基罗谈起今天教堂里的事，却又接着前一天晚上的话题，说起苏格拉底生命的最后时刻：

"他被判处了死刑，因为他勇敢地、公开地宣布反对祭师们说的那一套。他的学生们出庭为他辩护，后来又要拿钱收买法官，让他改变判决。但是苏格拉底不同意这样的做法。最后他宁静地面对死亡，饮下了一杯毒酒，一直到最后停止呼吸前，他还在跟看管他的狱卒谈话，告诉他什么才是真理……后来又过了很长时间，人们才知道，苏格拉底是正确的，而由于当时人们的愚昧，才过早地结束了他的生命。"

波里齐亚诺说到这里停下来，故事讲完了。两个人都静静地坐在那里，半天没出声。米开朗基罗被苏格拉底的故事感动了，他觉得这才是真正伟大的人。可是，他却有些想不明白，为什么波里齐亚诺要在这时候给他讲这个故事，而且，他的语调那么低沉，好像心事重重的。

想到这里，米开朗基罗禁不住问：

"可是，今天萨伏那洛拉的演讲又是怎么回事？难道罗伦左先生真像他说的，是个坏人吗？为什么没有人站出来为罗伦左先生辩护？"

波里齐亚诺一听这话，连忙站起身，摇着手，说：

"住口，孩子，以后你不要再多嘴问这些问题。有些事情只有慢慢才能搞清楚，让历史给我们准确的答案。"

看见波里齐亚诺那严肃的样子，米开朗基罗只好住口，不再谈这个话题。但是这不能阻止他在心中不停地思考这个问题：

"真理到底在哪？为什么人们原来是那么爱戴罗伦左先生，现在却纷纷站在萨伏那洛拉一边，反对罗伦左了呢？"

《半人马的战争》

这以后的日子里，萨伏那洛拉在大大小小的集会上演讲，他的主要活动已经转移到佛罗伦萨最大的教堂。而他的演讲像具有魔力一样，越来越多的人们追随他。

米开朗基罗渐渐发现，他的许多想法是偏激的。他认为，富裕是可耻的，人们应该自觉自愿地过贫穷的日子。他还认为艺术是可耻的，尤其是那些裸体雕刻和塑像，那只会引起人们的欲念，根本谈不上美。

让米开朗基罗奇怪的是，偏偏有那么多人认为他所说的一切都是绝对的真理。所以整个佛罗伦萨城像疯了一样：

丈夫把自己妻子华丽的衣服和贵重的首饰交出来，艺术家把自己画的或收藏的裸体雕像或绘画拿出来，纷纷送到萨伏那洛拉那里，听凭他处置。那些平时穿着绫罗绸缎的人，现在都穿上了麻布衣服或者黑色的道袍。

原来充满生机的佛罗伦萨城，在萨伏那洛拉来了以后，渐渐变得死气沉沉的。走在路上，大家都不敢说笑，更不敢高声说话，生怕有哪句话说错了，如果被人告诉到萨伏那洛拉那里，自己恐怕就要遭殃。

最让米开朗基罗感到难过的是，罗伦左先生的府邸越来越冷清了。圣·马可学校已经解体了，柏拉图学院的学者们也越来越少，学院里举行的演讲没有人来听，许多原来学院里的老师和学生都跑到萨伏那洛拉那边，宣布自己反对罗伦左。

米开朗基罗在那些日子里很少上街，也不愿意和任何人争论什么事。虽然，他越来越认为，萨伏那洛拉的做法是错误的，但是他也清楚，凭他那时候的力量，根本没办法和他辩论。他只是一遍遍在心中想着波里齐亚诺的话，"让历史给我们准确的答案"。

米开朗基罗大多数时间都待在自己住处或工作室里，有时候读书，有时候雕刻。

有一天，米开朗基罗正在屋子里读书，波里齐亚诺走进来。他看起来好像非常高兴的样子，进门就说：

"米开朗基罗，我刚刚翻译完一本奥维德的《变形记》，里面有一个半人马的故事。我想，你要是能把半人马和铁萨里人战斗的场面刻成石雕，那一定会非常有意义。"他一边说着，一边把他刚刚翻译出来的手稿拿给米开朗基罗看，"我在翻译的时候，就一直在想着你把他雕出来的样子。"

米开朗基罗很高兴波里齐亚诺这样信任他，但是，他不知道自己是不是真的能刻好这尊石雕，所以没有马上表示他的态度。

波里齐亚诺猜出了他的心思，和蔼地笑了笑说：

"我相信你能行。我一直都认为你会有出息的，现在是时候了，你该试试自己的本领了。"

米开朗基罗点了点头。波里齐亚诺一离开，米开朗基罗就读起那本《变形记》来。他发现自己非常喜欢这个故事，越读越入迷。他一边读，一边在心中设想出一幅幅画面：

人和半马人斗争的场面；抢救妇女的场面；还有死人和伤员的场面……

"可是要把这些都雕出来，实在太难了。恐怕得需要一座大理石山才行！再说，怎样才能表现出神话中提到的所有武器呢？"米开朗基罗心中想着，这时夜已经很深了。他躺在床上，想着怎么才能解决这个问题。

他正要朦朦胧胧地睡去，这时，书中的一句话映在他脑海里：

"阿克琉斯举起从山边掰下来的石头……"

想到这里，米开朗基罗感到心中一亮，"对呀，既然不能用雕刻表现每一种武器，就干脆用最原始，也最常见的武器——石头。"

想出了解决问题的办法，第二天一早，米开朗基罗就精挑细选了一块合适的大理石，开始工作了。

雕刻进行了没几天，有一天他外出办事，有一个他从不认识的人叫住了他，递给他一个条子，上面写着：

"半人马的战斗是一个邪恶的故事，放弃你的雕刻吧！"

米开朗基罗觉得真可怕，"他们怎么会知道我要雕刻什么呢？"

回到府邸后，他把那张条子给罗伦左先生看，米开朗基罗说：

"如果我雕刻这个主题，会给你带来麻烦的话，我是不是最好停止这项工作？"

"萨伏那洛拉现在处处监视我们，把他的思想强加给我们。要是我们这次让步了，下一回他们更会得寸进尺。你尽管继续刻吧！"

米开朗基罗感到罗伦左先生的心情好像非常糟糕，脸色也不好。和几年前他刚来府邸时相比，罗伦左先生好像老了很多。为了这件事，米开朗基罗难过极了，他真希望自己能帮帮罗伦左先生，可是他又能做什么呢？"也许，我的这件雕刻能让他高兴些吧。既然罗伦左先生把我请进府邸来，就是要把我培养成伟大的雕刻家，那他看见我在这方面做出成绩来，一定会高兴的。"

抱着这样的想法，米开朗基罗更加抓紧他的工作。他几乎整天都泡在工作室里，顾不得吃饭，有时候一干干到天亮，连觉也顾不得睡。至于外面都发生了什么，他全都不知道。

几周以后，这个雕刻的大体轮廓都出来了，这时，米开朗基罗才知道，罗伦左先生病倒了。

按照计划，这个石雕还应该花上几周时间打磨。可是米开朗基罗想让罗伦左先生早一点看到他的作品，就请格兰那齐帮他把雕刻抬到罗伦左先生的起居室里。

罗伦左先生正躺在床上，知道他们把石雕搬来了，很高兴。他披上一条毯子，拄着根拐杖，颤颤巍巍地走到外间屋来。

"啊!"看到石雕后，他先是惊叫了一声，然后坐到石雕旁的一把椅子上，默默地研究着石雕的每一部分，好半天也没有说一句话。

米开朗基罗紧张地站在一旁，虽然他自己觉得这件作品还不算坏，可是他还是不知道是不是能让罗伦左先生满意。

过了一会儿，只听罗伦左先生开口了:

"雕刻得太好了!我从你的雕刻中能体会到每个人的感情，甚至我能感到他们受伤的痛苦。最重要的是，我在你的作品中，能够感受到一种力量，这是我在别人的雕刻中从来没见到过的。"罗伦左先生说到这里，好像是累了似的，停了停，接着长舒了一口气，看着身边的米开朗基罗说，"我真高兴，我们没有白费力气。"

不知为什么，听了罗伦左先生这句话，米开朗基罗感到自己的鼻子一酸，眼泪险些流下来。

他还记得，罗伦左先生要把他接进府邸时，曾经对他说的一番话，其中一句和刚才说的一模一样：

"我很高兴，我们没有白费力气。"

那时的罗伦左先生看上去那样年轻，而且健康，可是，现在呢……

悲恸的别离

自从罗伦左先生为他单独准备了房间，他就不再和白托多先生住在一起了。米开朗基罗从罗伦左先生那里回来后，他想起他的老师白托多。他觉得好久没有看见他了，不知道他现在怎么样。

来到白托多那里，一进屋，他吓了一跳。只见白托多先生身上裹着一床厚厚的被子，正躬着身子在炭火盆前烤火。

米开朗基罗急忙走到他身边，问：

"您这是怎么了？"

"没事，我的傻孩子。"白托多努力笑着说，"可能是着凉了，烤烤火，就会好的。"

"让我扶您上床去。"米开朗基罗把老师扶上床，为他盖好被子，又给他拿来一杯暖酒。他摸了摸白托多的额头，烧得滚烫，"您应该马上去看医生。"米开朗基罗一边说着，转身出门吩咐人去找医生，自己又回来陪在老师身边。

"我昨天到工作室去，看到你刻的半马人雕像了，刻得好极了，我正要向你祝贺呢，你就来了。"

"如果我的半马人雕得还可以的话，那是因为您教我怎样做得好。"米开朗基罗连忙说。

白托多听见这话摇了摇头，"不行了，我已经老了。再没有什么可以教给你，剩下的路你只有自己去走了。我相信你以后一定能成为伟大的雕刻家……"

米开朗基罗听到这里，觉得很难过，马上止住老师的话，接着说：

"不，我还有很多东西要向您学，您好好养病，也许，明天，我们就可以一起开始新的工作了。"

"好啊，就明天……"白托多说起要和米开朗基罗一起工作，显得很高兴，但是，紧接着叹了一口气，抓住米开朗基罗的手，"你认为，我还会有明天吗？"说着，他的呼吸忽然沉重起来，大口大口地喘着粗气。

这时，医生已经请到了。但是，做了一番检查后，医生摇摇头，他把米开朗基罗叫到门外，低声说：

"没有希望了，他的身体实在太虚弱了。"

米开朗基罗整整一夜没合眼，陪在白托多身边。第二天一早，白托多先生已经奄奄一息了。牧师来给他作祷告。

白托多嘴角带来一丝欣慰的笑容，用极微弱的声音对身边的米开朗基罗说：

"米开朗基罗，你是我的继承人，我为这一点感到骄傲。"

　　说完，他又冲着米开朗基罗微笑了一下像平常和他开玩笑一样。然后，就永远闭上了眼睛。

　　米开朗基罗就这样失去了他的恩师，他不知道世界上是不是还有第二个这样好的老师了。

　　老师白托多去世后不久，罗伦左先生的病情也越来越严重了。最后在大家的劝说下，罗伦左先生终于决定离开一段时间，到卡列基别墅区疗养。

　　在罗伦左走之前，他的二儿子乔万尼被任命为红衣主教。乔万尼动身去罗马以前，家中举行宴会为他送行。

　　之后，罗伦左也走了。府邸里常常只剩下米开朗基罗和康黛辛娜两个人，冷冷清清的。

　　大约过了一个礼拜，传来消息说：罗伦左先生的病情越来越恶化，原来很管用的那两种药，现在都不起作用了。他每天疼痛难忍，把波里齐亚诺和米兰多拉叫去给他念书，减轻他的痛苦。康黛辛娜也被她的哥哥接到别墅去了。

　　米开朗基罗听到这消息后，一整夜都没有睡着。第二天一早，他就起来朝卡列基赶去。

　　刚刚踏上别墅的台阶，他就听见客厅里传出哭声。他急忙朝罗伦左先生的卧室走去。

　　米开朗基罗在门口犹豫了一会儿，轻轻地推开门，没有人注意到他进来。他于是躲在门旁的一个屏风后面，悄悄地向里面瞧。

　　他看见罗伦左先生斜靠在床上，被子垫得高高的。

他比离开别墅时，又瘦了很多，简直是皮包骨头一样。在他的床边，彼埃罗、康黛辛娜、波里齐亚诺坐在那里，个个满脸是泪水。米兰多拉仍在为罗伦左先生念书。

米开朗基罗不忍心再看这种场面，一个人静静地离开。

当天晚上，罗伦左先生就去世了。

失去了最敬爱的老师白托多，现在又失去了一直辅助他的大朋友。这一切对于刚刚18岁的米开朗基罗来说，打击实在太大了。在开始的几天里，米开朗基罗几乎觉得整个生命都没有意义了。

罗伦左先生死后他的大儿子彼埃罗就成了一家之主。米开朗基罗清楚，彼埃罗和他的父亲不同，所以不久后，他决定离开府邸，暂时搬回家中住。

在临走前，他去向波里齐亚诺告别。

波里齐亚诺上前拥抱了米开朗基罗，然后说：

"我知道你是要走的。我只想告诉你，现在整个佛罗伦萨城都很混乱，萨伏那洛拉那边的人越来越多，你凡事要多加小心。还有，不管别人怎么说，你都要用自己的脑子想一想，别忘了，你可是柏拉图学院的学生。"

波里齐亚诺说完，重重地拍了拍米开朗基罗的肩膀，两个人就这样告别了。

一

流浪生涯

　　告别了府邸，米开朗基罗的生活显然没有原来那样安适，为了找到一块石料，为了找到一间简陋的工作室，他都要付出很大的辛苦。想不到，他出于好奇而制造的一个小小骗局，竟然又把他带到了罗马。

特殊的纪念——《海丘力士》

回到家中，米开朗基罗仍然没有放弃雕刻。而且，自从罗伦左先生去世以后，米开朗基罗一直琢磨着想要为他做点什么，这样可以表达他对罗伦左先生的怀念。

有一天闲着没事，他忽然想到，罗伦左先生在世时，常常谈起希腊神话中的一个巨人——海丘力士。波里齐亚诺曾给米开朗基罗讲起过海丘力士的故事，他凭着自己的勇气和力量，完成了 12 项惊人的任务。

罗伦左先生说，海丘力士的"12 项业绩"不能从字面上理解。那实际上象征着每一代新人都面临着的困难。

米开朗基罗觉得罗伦左先生可能就是想做他们这个时代的海丘力士，反对人们的愚昧。

想到这里，米开朗基罗打定了主意：

"对，就雕海丘力士。"

可是到哪去找那样大一块大理石呢？回到家中，可不像在罗伦左先生的府邸里。在这儿，搞到一块大理石可难了。

米开朗基罗第二天就开始四处寻找，快到傍晚的时候，他来到一座大教堂的采石场。他先四处转了转，然后找到了那里的工头贝卜，向他说明自己的来意：

"我想要一块大理石，但是没有那么多钱。你能便宜些，把那边那根石柱卖给我吗？"米开朗基罗一边说，一边指了指不远处的一根大理石石柱。

贝卜一听米开朗基罗要那根石柱，忍不住乐了，那块石料本来已经被人买去要做石雕像，但是，在采石场打成毛坯时，不小心打坏了，所以一直到现在还放在那里没人要，想不到这个孩子倒看中了它。

贝卜又看了看米开朗基罗，觉得他的样子很认真，那眼神可怜巴巴的，好像在恳求自己一样。他想了想，挺干脆地说：

"反正放在那里也没人用，我就把它送给你吧！"

白白地弄到一块大理石，米开朗基罗高兴极了。可是接着就又出现了新问题：

"到哪去找一间工作室呢？"

他一边想着，脚下就不知不觉地又向圣·马可花园走去。但他忽然想到，罗伦左先生已经不在了，现在的花园主人不会欢迎他的。想到这里，他又转身往回走。这时，他却意外地看见一个人。

"康黛辛娜！"米开朗基罗兴奋地喊道。

见到米开朗基罗，康黛辛娜也非常高兴。米开朗基罗发现她的脸色蜡黄，样子很憔悴。连忙问：

"你好吗？"

"还可以。"她回答着，然后带着些责备的口气说，"你怎么不回来看我们，难道把我们忘了？"

"我是担心彼埃罗……"

还没等他说完，康黛辛娜已经知道他要说什么，连忙插话：

"爸爸在世时说过，从进入府邸那天起，你就是我们家庭的一员，没有人可以赶走你。现在你虽然搬回自己家里住，可是我们随时欢迎你回来。"

米开朗基罗笑了笑，他知道，事情可不像康黛辛娜想得那么简单。但是，他仍然为听到康黛辛娜这么说感到高兴。

接着，米开朗基罗给康黛辛娜讲了他的计划：

"我想要刻一个海丘力士的石雕。"

"真的吗？"一听这话，康黛辛娜又惊又喜，"我爸爸最喜欢这个大力士了，你真是太好了，米开朗基罗，我爸爸要是能知道这件事，一定会很高兴的！"她说着，抬头瞅瞅米开朗基罗，忽然又想起一件事，"可是，你现在有大理石吗？"她问。

"大理石倒是已经搞到了，只是……"

"哦，你不用说了，我去跟哥哥说，让你回到原来的工作室去。你先等几天，我一有机会，马上就跟他说。"

米开朗基罗耐心地等着，每天他都到花园门口转来转去，直到第五天，他才看见康黛辛娜和他的保姆一起走过来。他注意到，康黛辛娜的眼圈红红的。他猜到，彼埃罗一定拒绝了她的要求。

"我恳求彼埃罗至少上百次，可他就是不答应。"康黛辛娜一见到米开朗基罗，就有些歉意地说。

　　"这没什么，我早料到可能是这样的结果。别着急，我想我还会有别的办法，上帝会帮助我们的。"米开朗基罗装成无所谓的样子，安慰康黛辛娜。

　　"还有，我和里多菲签订了婚约。"听到这话，米开朗基罗愣了一下，康黛辛娜接着说，"我对他们说，我年纪太小，要求一年以后再举行婚礼。可是，这一年我恐怕没法再和你见面了，我哥哥不会允许的。"

　　"那个里多菲，他会使你幸福吗？他爱你吗？"米开朗基罗努力装出平静地问道。

　　"现在讨论这些已经没有用了。"康黛辛娜低声说，声音有些哽咽。

　　米开朗基罗看了看她身边的保姆，觉得自己不应该再问下去，于是说了声"再见"，头也没回地转身离开了花园。

秘密的工作

　　看来，在府邸找到一间工作室是不可能了。米开朗基罗没办法，又去找采石场的贝卜。

　　"贝卜先生，你可不可以帮我在工地找一个落脚的地方？我可以帮你干活，而且不要一分钱。"米开朗基罗恳求贝卜先生帮他这个忙，事到如今，他觉得自己只剩这一个机会了。

米开朗基罗

犹豫了一下，贝卜说：

"好吧，我去告诉工程局，就说我需要一个零工。我想，他们不会拒绝一个不要工钱的人的。你就靠着那边那面墙壁，搭你的工棚吧。"

米开朗基罗就这样住进了工地，他在自己的工棚里，修起了一个打铁的炉子，用板栗木和瑞士铁锻造了一组錾子和锤子。

做完了这一切，米开朗基罗稍稍松了一口气，终于把最基本的准备工作做完了，现在他可以进行下一步了。只是没想到，雕刻还没开始，米开朗基罗又遇到了新问题。

海丘力士一定是世间最健壮的人，可是在米开朗基罗现在生活的地方，人们的个子都很矮，一连几天过去了，他的脑海中总是想象不出一个真正高大健美的人来，我应该找一个模特儿。

为了这事，米开朗基罗在佛罗伦萨跑了好几天，四处去看铁匠、采石工、搬运工，他们往往是城市中最健壮的人了。当他再回到自己简陋的工作室时，他大概知道海丘力士该是什么样的了。

就这样，米开朗基罗开始为他的石雕画草稿、做模型，可是，他总是对自己做出的模型不满意。

"到底缺少点什么呢？为什么我总觉得不像？"他每天都一边工作，一边琢磨这个问题。

有一天，他终于明白了。

"对呀，我去看的都是一些人的外貌，对于人体内部，我还什么也不知道。对，应该再了解人的内部构造，懂得人的每一根骨头、每一块肌肉、还有每一根筋，当他们在完成每一个动作时是怎样运动的。"

可是，如果想知道这些，就必须学习解剖。他想起曾经听人说起过，只有外科医生才会有这样的机会。难道为了这个，就真的要当一名外科医生吗？这可不行，那会花很多时间的。

"在佛罗伦萨，什么样的死人没有人管呢？"在静静的夜里，米开朗基罗为了这件事睡不着，不停地问自己这个问题。

"也许可以到圣灵修道院去看看，那里有全城最大的教会医院。在那所医院里死去的人，他们的尸体往往没有人认领。而且，那修道院的院长过去是我的邻居，他对我非常好，曾经让我到修道院的图书馆看书，还给过我一把钥匙，那把钥匙可以开好几道门，其中也包括停尸房的门……我明天就去求求比切林尼神父。可是，私自解剖尸体是违法的，如果这件事被发现，比切林尼神父是会被开除教籍的。不知道院长是不是肯冒这个险。"

不管怎么样，米开朗基罗决定去试试。第二天一早，他就跑到圣灵修道院去，找到院长比丘林尼神父。

院长很热情地和他打招呼，可是，当米开朗基罗告诉他自己要干什么时，院长很不客气地说：

"够了，米开朗基罗，不要再提起这个问题，我只当你从来也没说过。"

　　米开朗基罗对院长这么坚决地拒绝了自己，感到有些吃惊，瞪着眼睛，站在原地愣了一会儿，正要转身准备离开时，院长又叫住了他，态度变得温和了许多：

　　"对了，米开朗基罗，我们院里最近又新到了一批书，有一本是四世纪时的人物画册。你想去看看吗？我可以带你去。"

　　米开朗基罗对院长的态度这么快的转变，觉得有点奇怪，但是还是跟着他往图书室走。

　　把米开朗基罗带进图书室，院长把一把长长的钥匙递给米开朗基罗，说：

　　"好了，你自己在这里读吧，我还有事情。这把钥匙给你，以后你要是有空儿就自己来吧。这里随时都欢迎你。"

　　米开朗基罗感激地点了点头，虽然院长没有同意他的要求，但是，至少他没有生他的气，还给他提供了读书的方便。

　　米开朗基罗觉得那本书确实很好看，对他学习雕刻也很有帮助，以后的几天，米开朗基罗每天都到图书室。

　　有一天，当他又用那把钥匙开图书室的门时，米开朗基罗忽然想起来。

　　"对呀，我怎么忘了！这把钥匙不是也能开停尸房的门吗？院长在这时给我这把钥匙，一定是他已经答应了我的请求，只是不方便直接说出来。对，一定是这样的！也许今天晚上我就该来试试……"

当晚，米开朗基罗来到修道院时，已经是半夜。他从一幅圣母相壁画下面的小门溜了进去，然后又绕过了黑漆漆的厨房，跑着穿过一条很长的走廊，就来到停尸房。这时，他觉得自己的呼吸越来越急促。

站在停尸房门前，他从自己的口袋里拿出一只事先准备好的蜡烛，把它点燃，见到了点儿亮光，他的呼吸才稍稍平缓了些。米开朗基罗从口袋里拿出那把长长的钥匙，这时候，他觉得心情有一点儿矛盾了。

本来，他是那么渴望拿到这把钥匙，可是现在，当他就站在这门前时，他却有些犹豫了。如果真的就是这把钥匙，他就将会看到这屋子里停放着的尸体，他忽然觉得非常害怕，四周静得出奇，他几乎能听到自己的心在怦怦地跳着。

"勇敢一点，米开朗基罗！"他这样给自己打着气，终于把手伸进衣袋里，掏出钥匙，插在锁孔里一试。正是它！

米开朗基罗几乎是闭着眼睛，轻轻地推开门，一股凉气袭来，他禁不住打了一个冷颤。鼓足了勇气走了进去，他不知道自己敢不敢面对将要进行的工作。

他在心中默默数了 10 个数，然后强迫自己睁开眼睛。借着微弱的烛光，他四下看了看：

这间停尸房很小，没有窗户。在屋子中央的木架上，放了几块窄窄的木板，在一块木板上躺着一具尸体，从头到脚都裹着尸衣。

他回手关上门，身子重重地靠在了门上。他手中的蜡烛在不停地颤抖着。这是他有生以来，第一次单独地和一具尸体待在一间屋子里，而且是在这样的寂静的夜里。

这时，手中颤动的烛光提醒了他。他这才想起，他带的这一只蜡烛，最多只能燃三个小时。这只蜡烛，不仅是要照明，还要用它计算时间。等蜡烛点完的时候，僧侣们就要起来做面包，它必须赶在这之前离开这里。

想到这里，米开朗基罗放下肩上的背包，脱下外衣，从背包里取出剪刀。它先是做了一个短短的祷告，然后走到了那具尸体面前。

他抱起了那具尸体，举起他的两只僵硬的脚，从他的下半部抽出了一块尸布。接着，他又抬起他的腰部，靠在自己的胸前，把尸布从胸部和头上解了下来。尸布很长，他反复这样解了五次，才算都解完。

这时，他拿起蜡烛，凑近了尸体，开始研究起来。

这是一个中年人，身体很结实，胸口上被戳了一刀。那张脸上没有一丝表情，嘴是半张着的。米开朗基罗碰了碰尸体，凉冰冰的，有一种腐烂的味道，他觉得有些恶心。

他把蜡烛立在木架上，过了好一会儿才拿起刀子。他努力回忆着他所看到过的人体插图，深深地呼了一口气，他把刀子切了下去，在尸体上划开了一个口。他先研究了一下那人体内最外层的脂肪层，然后切得更深一些，观察深红色的肌肉纤维。

接着，他又开始解剖胸部。这时，他听到蜡烛发出

"噼噼啪啪"的声音，时间过得真快，三个小时马上要到了。

"真遗憾，看来今天我只有进行到这里了。"

米开朗基罗想着，就拿起裹尸布来。他发现，把尸布裹上比解开时要难上 1000 倍。他手忙脚乱地弄着，汗水浸透了他的衣服。当他终于把尸体重新裹上，烛光最后跳动了一下，就熄灭了。

他绕道离开那里，在路上他不停地停下来呕吐。回到自己的住处，他一下子栽倒在床上，他感到自己的身体冰凉冰凉的，过了一会儿，他昏昏沉沉地睡着了。他被一个噩梦惊醒，看看表，已经是下午了。

"我今晚还要去那里，昨天看到的太少了。"米开朗基罗想到这里，就又为当天晚上的行动做起准备来。

夜里 11 点钟，他向圣灵修道院走去。停尸房里没有尸体，第二天也没有。

第三天晚上，他终于在木板上发现了一具尸体。有了上一次的经验，米开朗基罗已经不觉得那么紧张了，用起刀子来，手也抖得不那样厉害……

就这样，米开朗基罗坚持每天都去那里，这样的秘密工作进行了几个月，很庆幸，没有一个人发现他的行动。

米开朗基罗渐渐觉得自己对于人体的内部结构已经有一定的了解了，至少，当他再想到要雕刻海丘力士时，已经不再像从前那样困惑了。

一天下午，他走进院长办公室，把那把长长的钥匙放在院长面前的桌子上。

"我想为您雕刻点什么。"米开朗基罗说。

院长显出非常高兴的样子，但是，语气却很平静地说：

"我们的中央圣坛上，需要一个木雕的《十字架上的耶稣》。"

米开朗基罗以前从没有刻过木雕，但是，他不想拒绝院长的要求。

"我可以试一试。"他说。

为了这个木雕，米开朗基罗特意重新读了《圣经》上的许多段落。当他把刻好的木雕送给院长时，院长没有更多赞赏，只是说：

"你刻的耶稣几乎和我心中想的一模一样。"

巨大的雪人——白雪公主

当米开朗基罗终于可以着手雕刻海丘力士时，一天，他的好朋友格兰那齐匆匆忙忙地骑着马赶来。

见到他，米开朗基罗很高兴。但是，当他告诉米开朗基罗，他是被彼埃罗派来的，他身上还带着彼埃罗的召见通知。米开朗基罗的脸色一下子阴沉下来。

"你走吧，格兰那齐！回去告诉彼埃罗，我可不会像一条狗那样，随便他呼来唤去。"

"可是，他总还是罗伦左先生的儿子，看在罗伦左先生的情分上，你也该去一趟吧。"

听格兰那齐这样一说，米开朗基罗犹豫了一下，然后告诉格兰那齐，"你先在这里等一下，我收拾一下，就和你一起走。"

米开朗基罗和格兰那齐走在去府邸的路上，前一天夜里下了一场大雪，把整个佛罗伦萨城变成了一个银白色的世界。空气也特别新鲜，米开朗基罗深深呼了一口气，觉得心情好极了。

来到了府邸，米开朗基罗看到罗伦左先生的子孙们都聚集在罗伦左先生的书房里。除了府邸现在的主人彼埃罗，还有已经当上了红衣主教的乔万尼，罗伦左先生的小侄子玖里安诺，米开朗基罗还注意到，康黛辛娜也在，她的个子好像长高了，模样已经不再像个小女孩了。

看见米开朗基罗进来，彼埃罗站起身，挺热情地迎上前来。

"米开朗基罗，你终于回来了，我们大家都在盼着你来！"

米开朗基罗轻轻地笑了笑，他觉得彼埃罗真是喜怒无常，也就是几个月前，他还坚决不让自己回来，现在却说在盼望着他。

这时，彼埃罗接着又说：

"今天是我的堂弟玖里安诺的生日，我答应他，我一定要做一件使他高兴的事。今天早上醒来，他就对我说，他想要一个世界上最大的雪人。我马上就想到了你，我爸爸一直都说你是他最喜爱的雕刻家，我想你一定能使我们大家满意。"

米开朗基罗听说他们把他请回来，原来只是要自己为他们堆一个大雪人，好讨一个小孩子的欢心，他转身就要走。这时，康黛辛娜拉住了他。

"请你为我们做一个雪人吧，米开朗基罗，帮帮我们的忙。我们都来当你的助手。"

看见康黛辛娜那恳切的目光，米开朗基罗的心又软了。

不管怎么说，罗伦左先生给了自己的帮助和关心，简直比自己的父亲给的都多。我不能拒绝他的家人的要求。米开朗基罗这样想着，对康黛辛娜说：

"好吧，我们马上就开始。"

用了小半天的工夫，一尊美丽而且特别高大的白雪雕像雕好了。阳光照在雪人身上，她好像要活过来了似的。米开朗基罗和康黛辛娜一起给她起了个名，叫做"白雪公主"。

大家都围在这尊"白雪公主"旁边，不停地赞叹着：

"真是太美丽了！"

"她真的是我见到的最大最美的雪人！"

彼埃罗也非常喜欢这个雪人，他站在雪人旁边瞧了又瞧。最后走到米开朗基罗身边，把他叫到自己的书房。

"米开朗基罗，为什么你不回到府邸里来呢？我一定会给你很好的待遇，像我父亲在世时一样。"

听到这话，米开朗基罗心里很矛盾。为了他的自尊心，他会拒绝彼埃罗的要求。但是，他心里又真正很想重新返回府邸，因为在这里生活了那么久，留下了那么多美好的回忆，他很希望能再重新体验一回这里的生活。

想到这里，米开朗基罗说：

"好吧，我留下来。但是，我要重新回到我自己原来的那间工作室。"

"当然可以！"彼埃罗很痛快地答应了米开朗基罗的要求。

就这样，米开朗基罗又回到了府邸。

米开朗基罗在府邸做的第一件事就是雕刻海丘力士，大约用了一个月时间，雕刻就完成了。那海丘力士有着一双健美的手臂，壮实的胸脯，脸上充满了坚定的表情。

他请康黛辛娜来看他的石雕。

"你刻的真好，米开朗基罗！不知道怎么的，我觉得他什么地方像我的父亲。要是他也能看见这雕像就好了。"

这以后不久，康黛辛娜就结婚了，婚礼那天非常热闹。米开朗基罗却觉得很孤单。

"现在府邸里又少了一个可以和我说话的人。"他闷闷不乐地想。

逃 亡

转眼间，米开朗基罗在府邸又住了快一年。虽然，他每天都在自己的工作室里钻研他的雕刻艺术，只是，他却再也不会觉得像从前那样快乐了。

彼埃罗整天寻欢作乐，他只有在向别人炫耀时，才会偶尔想起米开朗基罗，说他府邸里有一个艺术家，他会堆世界上最大的雪人。对于米开朗基罗雕刻的海丘力士，还有其他的石雕，彼埃罗却从来也不感兴趣。

当秋天一点点到来的时候，萨伏那洛拉在佛罗伦萨城的势力越来越大，他在城市里掀起了一场销毁艺术品的高潮，而且常常跟人家说，他要把美迪齐家族赶出佛罗伦萨城。

有一天，米开朗基罗在街上亲眼看见人们举行的"篝火忏悔仪式"。

从四面八方赶来的人，都聚集在广场上。在萨伏那洛拉的号召下，人们在广场中央升了一堆篝火。有的人拿来了木板、树枝，不停地往火堆里放，还有的人把精美珍贵的铜器，还有带着画框的绘画都拿来了……

人们纷纷在篝火旁忏悔自己的"罪行"，他看到有几位当时著名的艺术家也在那里，他们都承认着自己的错误。可是，米开朗基罗认为，他们所说的错误，正是他们真正为人类做出的贡献。难道说创作出伟大的艺术品，这也是艺术家的错误吗？米开朗基罗觉得又好气，又好笑。

正在这时，烧毁艺术品的行动已经开始了。他看到，人们抬着一幅画像朝篝火走去。他凑近了，仔细看。

画上是一个睡着的维纳斯像，画得好极了。那维纳斯正在梦境中，脸上挂着孩子一样纯洁的微笑，一头金色的头发披散着，构成了一道金色的光环。

米开朗基罗眼看着他们把那幅画扔进了火堆，心痛极了。可是，火堆边的其他人却好像胜利地完成了一项任务一样，高声欢呼着，然后又去拿另一幅画。

米开朗基罗实在不忍心再看下去，一个人悄悄地离开了。

不久后，佛罗伦萨城又卷进了一场国际纠纷。法国的查理八世，正领着一支军队进入意大利，他想要占领佛罗伦萨城。

当时城市里的人们，大多数都听从萨伏那洛拉的话。他们认为，把法国军队迎进城来，正好可以借助他们的力量，推翻美迪齐家族。

法国军队距离佛罗伦萨越来越近，彼埃罗府邸里的人越来越少。

米开朗基罗好几次都决定要从府邸搬出去，但是，每当想到罗伦左先生还有他的老师白托多，他就改变了主意。他还记得罗伦左先生的那句话：

“你是我们家的一员。”

想到这些，米开朗基罗觉得自己不应该在这时候离开。

1494 年 10 月的一天早上，米开朗基罗醒来之后，他发现府邸里的人几乎跑光了，只剩下几个老年的仆人。他们说，彼埃罗去找查理八世。家里的其他人都躲进了山里的一个小别墅。

过了没多久，米开朗基罗听见有人在街上喊：

“市镇委员会已经决定流放美迪齐家族，悬赏四千佛洛林，要彼埃罗·德·美迪齐的人头！”

很快，街上的人们就向府邸冲过来了。米开朗基罗当时脑子里的第一个念头就是：

“一定要保护那些雕刻和绘画。”

可是，这时人们已经疯狂地涌进来了。他们把花园里的多那太罗的雕像搬了出去，还用枪矛和棍棒破坏着院子里的其他雕像。

米开朗基罗知道自己根本没有办法制止他们，急急忙忙地跑上正门台阶，一口气跑到了罗伦左先生的书房。

他看着屋子里摆放着的各种各样的艺术品，“这些都是无价之宝啊，我怎么才能保护它们呢？”米开朗基罗飞速地转动着脑筋，人们马上就要冲上来了，他毫无目的地四处看着，当他无意中看见一侧墙壁上平时送菜用的升降机时，他眼前忽然一亮。

他几步走到那升降机前，拉紧绳子，当把升降机拽到和自己平齐时，他就快速地往上面堆放小件的艺术品。堆到实在不能再放时，他把升降机降下了一半，又把剩下的白托多的作品藏在床底下。

这时，人们仍在府邸里行动着，米开朗基罗无可奈何地看着他们从画框里割下的一幅幅画，还有他们敲碎的石雕像。他怎么也想不通，这世界上的人到底是怎么了。

他从后面的楼梯走下去，穿过了一条僻静的小巷。人们的喧闹声离他越来越远，渐渐地听不到了。

他来到了里多菲家的府邸，这是康黛辛娜的新家。他在门口给康黛辛娜塞进一个字条，上面写着：

"事情平息之后，派人去看看罗伦左先生书房的升降梯。"

当晚，人们都安静下来的时候，米开朗基罗悄悄地离开了佛罗伦萨城。

险些坐牢

第二天下午，米开朗基罗就越过了亚平宁山，跑下了山坡，到了波伦亚城。穿过了一个农业市场，他来到了一个广场。

这时，他被一群士兵包围了。

"你是外地人？"一个士兵问。

"我是佛罗伦萨人。"

"请把大拇指伸出来，对对你的红蜡印。"

"我没有红蜡印。"

"那你得跟我们走一趟，你被捕了。"

米开朗基罗不知道这是什么规矩，只有跟在他们后面，来到了海关署。那里的一个官员向他解释道：

"每一个新到波伦亚的人都必须登记，并且留下指印。现在，你先交50个波伦亚镑。"

"可是我没有那么多钱。"

"那就太糟糕了，你必须蹲50天牢房。"

米开朗基罗被他的话弄糊涂了，正要问个清楚，这时有人走进来。

"你是米开朗基罗·朋那洛蒂吧？"

"是的，先生。"

这时，走进来的人对那官员说：

"这个年轻人的父亲跟你一样，也是一个海关负责人。你能不能宽容一点？"

那官员一听是同行的孩子，显得挺高兴，于是说："当然可以。"

就这样，他们离开了海关署。米开朗基罗看了看他的恩人，大概五十多岁，脸上挂着一丝很诚恳的笑容。

"可是他怎么认识我呢？"米开朗基罗正想着，那人自我介绍道：

"我叫佛朗切斯柯·阿多佛朗第，我在罗伦左·德·美迪齐家的宴会上见到过你。"

"哦，我想起来了，当时你还告诉过我，说波伦亚有许多伟大的雕刻家。"

"是的，现在你来了，我就可以让你看看他们的作品了。我先带你吃点东西。"

一听这话，米开朗基罗可乐了。

"从昨天到现在我还没吃一点东西呢。"他说。

阿多佛朗第带米开朗基罗来到他自己的府邸，他指着自己的图书室告诉米开朗基罗：

"那是罗伦左先生帮我建起来的。"

阿多佛朗第为米开朗基罗准备了丰盛的晚餐，在吃饭时，他说：

"你就暂时住在这里吧，你是罗伦左先生的朋友，也就是我的朋友。"

米开朗基罗接受了他的邀请，住进了阿多佛朗第的府邸。他发现这是一个快乐的家庭，到处都可以听到欢笑声。阿多佛朗第有六个孩子，而他的妻子非常喜欢米开朗基罗，就把他当成第七个孩子。

最让米开朗基罗高兴的是，阿多佛朗第是一个退休的银行家，可以随便支配自己的时间。这样，他几乎天天都带着米开朗基罗观光这座城市。尤其是观赏这所城市里的艺术品。

米开朗基罗在这里度过了一段快乐的时光，但是，时间久了，他又开始想念家乡。当听人说，佛罗伦萨城的情况不那么紧张了，他就依依不舍地告别阿多佛朗第一家人，返回了自己的家乡。

假古董引出的罗马之行

　　回到佛罗伦萨，米开朗基罗先跑去看他的老朋友格兰那齐。吉尔兰岱约先生已经去世了，他把画室交给格兰那齐接管。

　　两个人重新在吉尔兰岱约的画室里见面，米开朗基罗情不自禁地生出了许多感慨。时间过得真快，他最早开始学习绘画，就是在这间画室里，那时候他才13岁，现在他已经快20岁了。他的老师们都已经一个个地离开了他。

　　"我学习雕刻已经快五年了，可是到现在真正完成的作品却那么少，还算令人满意的只有那么五六件，而且我觉得自己的雕刻中，新东西越来越少。这样下去，我怎么对得起我的那些老师呢！"

　　格兰那齐只是静静地听着他说，一直也没有开口。和他告别后，米开朗基罗觉得有点儿失望，他觉得，好像自己最好的朋友也不了解他此刻的心情。

　　过了没多久，有一天，米开朗基罗闷闷不乐地走进自己的工作室，发现桌子上有一块大理石料，又看见桌子上留着一张字条，上面写着：

　　"再接再励！祝你20岁生日快乐。"

　　米开朗基罗一看就知道，那是格兰那齐的字迹。他又感动又高兴，连他自己都把生日忘了，倒是格兰那齐还记得，而且送来这么有意义的礼物。

他坐在桌子前，看着这块美丽的石料，忽然产生了灵感，就立即雕刻起来。

米开朗基罗用这块石料雕了一个睡着的小爱神。这个胖嘟嘟的小爱神右手枕在头下，甜美地睡在梦中。

《小爱神》刚刚雕好，米开朗基罗就把他拿给格兰那齐看。

"真是太可爱了，你简直像古希腊时的雕刻家。你现在已经完全可以模仿他们的风格了！"说到这里，格兰那齐忽然想到一个主意，"米开朗基罗，我想出一个主意，怕你不同意。"

"你什么时候学的吞吞吐吐的，快说吧。"

"我想，如果你把它加工一下，让他看起来像是刚从地里挖出来的，那恐怕就会有人把它认作是古玩《小爱神丘比特》，一定会卖个好价钱。"

米开朗基罗听了这话，半天没吱声。格兰那齐了解米开朗基罗的脾气，一定是觉得这是在骗人，所以不愿意做。

"我们这样做，其实主要是想看看，你的假古董到底能不能骗得了人。"格兰那齐接着又说。

米开朗基罗也觉得这件事的确挺有趣，想了想说：

"好吧，我们就试试看。不过我希望我们最后能有机会告诉他们实话。"

他们把泥土揉进了石像，用硝泥和铁屑弄脏了它的外部，又用一把硬毛刷子把颜料揉进石缝里去。最后，为了以假乱真，他还狠了狠心，敲掉了小爱神的一只手。

格兰那齐把这个《小爱神》送到一个专卖古董的朋友巴达萨那儿，没几天，人家告诉他，《小爱神》卖掉了，而且卖了一个好价钱——30块金币。

不久，这件事就被米开朗基罗忘记了。过了大约一年多工夫，一天，一个素不相识的人来到米开朗基罗的住处，要求米开朗基罗跟他到罗马去一趟，说红衣主教里阿利奥要见他。

米开朗基罗觉得很奇怪，只听那人解释说：

"我是红衣主教里阿利奥派来找《小爱神》的雕刻者的。"

米开朗基罗这才恍然大悟，一定是他的假古董惹了祸。可是，他倒并没害怕，直截了当地说：

"哦，对不起，那是我们开的一个玩笑。可是，我总不至于为了这件事跑到罗马去，我现在就可以退给你们钱。"说着，米开朗基罗取出了30个金币，递给了那个人。

"可是，人家要了里阿利奥200个金币。"

来的人又接着说：

"我不是派来要钱的，里阿利奥认为你能雕刻出那样逼真的'古董'，一定是一个了不起的艺术家，你自己恐怕会创造出更好的作品，所以他一定要见见你。"

到罗马去看看，一直是米开朗基罗的愿望，既然有人邀请他，米开朗基罗马上痛快地答应下来。

"你先等一会儿，我收拾一下东西，马上我们就动身。"

就这样在 1496 年的初夏，米开朗基罗在此告别佛罗伦萨，应邀去了罗马。

创造历程

　　米开朗基罗的雕刻使他出了名，可是，却使他没法左右自己的生活。就在不断被人呼来唤去的日子中，他完成了一件件传世的伟大创作。

无聊的等待

　　一到罗马，米开朗基罗就去见红衣主教里阿利奥，他好像很忙的样子，没有再提起那个假冒的古董《小爱神》，跟米开朗基罗简单聊了几句，就叫人带着米开朗基罗去看看罗马城的雕像群。

　　等米开朗基罗回来以后，他问：

　　"你对你看到的大理石雕像感觉怎么样？你能不能雕出同样美丽的东西来？"

　　"也许不是同样美丽，但是，我也许能做出些什么，只要我有机会试一试。"米开朗基罗回答。

　　"我喜欢这种回答，这说明你还很谦虚。"

　　米开朗基罗心想：

　　"我倒不觉得自己谦虚，我说话的意思是，我自己做的作品，一定和你所见到的不一样。"

　　这时，只听里阿利奥接着说：

　　"我们最好立刻动手，我的马车现在就在外面，我们可以马上到采石场去一趟。"

　　米开朗基罗在采石场的石料中走来走去，不能确定到底选择哪一块。忽然，他看到一根石柱，这石料有七英尺多高，是一种天然的纯白色。

　　米开朗基罗的眼睛忽然兴奋得放出光彩来，他走到里阿利奥跟前，指着他相中的那块石料说：

"我向您保证，我一定会用这块石料雕出一座美丽的雕像。"

红衣主教也没犹豫，从腰带上挂着的钱袋里掏出37个杜卡，把这块石料买了下来。

米开朗基罗被安排在里阿利奥的府邸里住下来。他觉得里阿利奥这个人挺不错，办事痛快。想到自己有机会住在罗马城，又有人给他提供石料供他雕刻，他感到挺幸运。

可是，日子一天天过去，主教好像忘了他这个人，没有再提起雕刻的事，也没有安排他做其他的事情。

闲着没事做，米开朗基罗就每天上午都做模特儿素描：画教皇的贴身侍卫、德国的印刷工人、法国的手套工人和西班牙的书商。可是，渐渐地他就烦了，时间就这样每天白白地过去，米开朗基罗觉得很可惜，他急着想要拿起雕刻工具。

这时，有人警告他：

"你要谨慎才好，在里阿利奥同意动手前，千万别随便碰那根石柱，他对自己的财产一向非常认真。"

对于这样的待遇，米开朗基罗自然很生气，但是他决定还是等等看，也许主教最近比较忙，所以没时间想雕刻的事，等过一段时间，他会想起来的。

又好几个礼拜过去了，主教仍然没给他安排任何任务。有一天，米开朗基罗无意中遇见了一位佛罗伦萨的建筑师，那个人叫玖里安诺·达·山加罗。他也是罗伦左先生的朋友，所以米开朗基罗在这里遇见他，感到特别亲切。

两个人在一起有说不完的话，说到后来，米开朗基罗把自己现在在这里的困境告诉山加罗，山加罗听完之后说：

"你找错人了，等红衣主教罗维尔回来以后，我再把你介绍给他试试。你最近闲着没事，我可以带你看看罗马的建筑。到了罗马，却不好好研究一下它的建筑，你以后一定会后悔的。等明天看完这里伟大的建筑，你也许就会把雕刻忘掉，献身于建筑艺术了！"

米开朗基罗虽然坚信，自己无论如何也不会放弃雕刻艺术，但是听山加罗这么一说，也有些动了心。第二天，他就随着山加罗欣赏罗马的建筑，而且发现，建筑确实是一门伟大的艺术。

山加罗一边带他看，一边给他讲解其中的奥妙，一连好几天，米开朗基罗跟着他，学到很多建筑方面的知识。

这样又过了很多天，主教里阿利奥才派人把米开朗基罗叫去。

"你这段时间为我设想出什么好东西了，是可以和红衣主教罗维尔花园里的雕刻相比的东西吗？"里阿利奥语气和蔼地问。

听到里阿利奥终于问自己这个问题了，米开朗基罗高兴得不得了，连忙回答：

"是的，我想出来了。我打算雕刻一座酒神像。"

可是，很不巧，就在他忙着做草图设计的时候，里阿利奥又遇见其他重要的事情要解决，又没有人来批准他使用那块大理石，所以雕刻工作又停下来。

持续了这么久无聊的等待，对于米开朗基罗来说，无疑是一种折磨。

帮父亲还债

不久，他又听到另一个不幸的消息：他的继母鲁克里齐娅去世了。

几天以后，他的弟弟朋那洛托来到罗马。

一见到他，米开朗基罗马上问：

"爸爸现在怎么样？鲁克里齐娅去世以后，爸爸的情绪怎么样？"

"糟糕极了，他整天把自己关在卧室里。还有，为了鲁克里齐娅的病，爸爸欠了很多债，如果再还不上，爸爸也许会被抓去坐牢的。"

"坐牢！"米开朗基罗几乎不能相信自己的耳朵，连忙又说，"他应该把别墅和田地卖掉！"

"可是他不肯，说是不能把祖上留下的最后一点遗产也卖掉。"

"我一定要弄到钱，里阿利奥把我留在这里这么久，他应该给我一些钱的。"米开朗基罗一边说，一边跑去找里阿利奥，向他讲了自己现在的难处。

听他说完，里阿利奥说：

"当然，我不会白让你在这里待这么久。好吧，为了奖励你的耐心，我决定把那块大理石送给你。"

能够得到那块大理石，米开朗基罗自然很高兴，但是，那块石头却解决不了他现在的困难，除非把它卖掉；可是，米开朗基罗实在舍不得，又去另想办法。

他记起佛罗伦萨的一个叫保罗·鲁切莱的银行家，米开朗基罗住在罗伦左的府邸时认识的那个人，他一直很欣赏米开朗基罗的作品，现在这人就在罗马，也许他会帮自己这个忙。

第二天，米开朗基罗就找到鲁切莱，向他叙述了自己的困难，说自己想向银行贷款。

"向银行贷款？"鲁切莱摇了摇头，"那可不行。20%的利息，你恐怕还不起的。但是，我可以借给你一些钱，我不要你的利息，你也不用着急还给我，等到你腰包里有钱了再还也不迟。"他说着就数出了25个弗罗林。

米开朗基罗感激地接过钱，说：

"我一定会找机会报答您的。"

说着，他转身离开，跑回去把钱交给弟弟朋那洛托。

"告诉父亲，不要为钱的事着急，我总能想到办法的。"

送走了弟弟，又只剩米开朗基罗一个人。他整天琢磨着怎么把钱还上，一天，他的一位朋友说：

"我把你介绍给当地的一位银行家雅各波·迦罗吧。他这人特别喜欢雕刻，而且非常慷慨大方。只是，你要去的话，一定要带一件你的作品，他最讨厌讲空话的人。"

听了他的话，米开朗基罗用口袋里剩下的一点钱，买了一小块大理石。他又雕了一个小爱神，但是这次小爱神醒来了。他张开朦胧的眼睛，伸着小手，好像在找妈妈。

米开朗基罗拿着这个小雕像，在迦罗的花园里见到了他。

迦罗见到他，放下手中的书，从椅子上站起来，和他打招呼。他把《小爱神》小心翼翼地托在手上，仔细地看来看去。好半天，他终于说话了。

"我觉得这是我看到的最可爱的小玩艺儿。我想买下它，咱们定个价吧。但是，你最好先跟我讲讲你现在的情况。"

米开朗基罗于是原原本本地把自己的事情告诉了迦罗。不知道为什么，他觉得这人很亲近，他站在他面前讲话，一点儿不觉得拘束。

耐心地听他讲完，迦罗说：

"就是说，你在里阿利奥那儿，没有拿一个工钱，只得到了一块 7 英尺高的大理石。我现在决定用 50 个杜卡买下你的《小爱神》。还有，我很想知道，你准备用那块巨大的大理石干什么呢？"

"我想雕刻希腊神话中的酒神。"米开朗基罗回答了迦罗的问题，看见他的眼睛一亮，看得出，他对米开朗基罗的计划很感兴趣。米开朗基罗接着又滔滔不绝地讲起来。

谈话结束时，迦罗说：

"米开朗基罗，你可不可以搬到我这里住，等那《酒神》雕好后把它卖给我，我出 300 个杜卡，怎么样？"

米开朗基罗于是离开了红衣主教里阿利奥的府邸，高高兴兴地住到迦罗那里。

顶着蜡烛的帽子

当米开朗基罗正在雕刻《酒神》的时候，有一天，法国的红衣主教格罗斯拉耶来迦罗家做客，这位上了年纪的老人在迦罗的陪同下，来到米开朗基罗的工作室。

"你可真不了起，年轻人，这个酒神你完成了一半，我怎么就觉得他好像活了一样。我不仅能看到他的外形，还能感觉到他的心脏跳动，血管里的血在流。"他说着，又用他那双昏花的眼睛研究着，不停地点着头。

当米开朗基罗停下工作休息时，格罗斯拉耶对他说：

"孩子，我的年纪越来越大了，一定要在身后留点东西。我前不久已经获得教皇的同意，我要向圣彼得大教堂捐一个大雕像，我相信你是我在罗马见到的最好的雕刻大师。你能帮我这个忙吗？"

米开朗基罗挺痛快地答应下来，因为他觉得自己很喜欢这位老人，还有更重要的一点，米开朗基罗知道，圣彼得教堂是世界上最古老、最神圣的教堂，自己的雕刻能摆放在圣彼得教堂的神龛中，那该是多么光荣的事啊！

第二天米开朗基罗就到圣彼得教堂去看红衣主教为他描绘的那个壁龛。当他走进教堂时，他很快就知道，自己要雕刻一尊什么样的塑像放在这里了，就雕《悲恸》吧。《悲恸》描绘的是当耶稣死了之后，躺在他的母亲圣母玛利亚怀中的情形，他觉得没有什么比这个主题更适合这个古老的教堂了。

选好了主题，迦罗就带着米开朗基罗去见格罗斯拉耶，他刚刚完成长达五个小时的祈祷，脸色显得很苍白。但是，当他听米开朗基罗谈起要雕刻《悲恸》时，他的眼睛一下子就亮了，高兴得像小孩子一样。

"我非常喜欢《圣经》中的那一段，你快点去选石料，明天就开始雕刻吧！"

看见他那着急的样子，米开朗基罗有些为难了。

"可是，我必须要先完成《酒神》呢！"

格罗斯拉耶显得有些失望。

"好吧，那我们等到《酒神》刻完之后。"他说。

在回去的路上，迦罗对米开朗基罗说：

米开朗基罗

"其实，你不应该坚持先刻完《酒神》，那《酒神》可以等，可是红衣主教恐怕等不了多久了。说不准哪一天，上帝的手在他的肩上压重一些，他就会升天的。"

"可是，我现在不能停止，《酒神》的样子现在在我脑子里越来越清晰，我怕一停下来，他就会从我脑袋里跑掉了。"

米开朗基罗没有让格罗斯拉耶等得太久，半个多月后，《酒神》雕完了。

迦罗看了喜出望外。米开朗基罗刻的这个酒神，年轻、漂亮，醉得好像几乎站不稳了。他一只手端着酒杯，另一只手拿着一串葡萄。调皮的小树神藏在他的身后，正在偷偷地摘那串饱满的葡萄。

"我觉得这酒神简直像活的一样，他手中的酒杯好像随时都会掉在地上！谢谢你，米开朗基罗，你为我完成了意大利最美妙的雕刻。"迦罗赞叹道。

完成这项工作后，过了几天，迦罗就带回一份合同，是关于红衣主教格罗斯拉耶和米开朗基罗的。在这张合同上，米开朗基罗第一次发现自己已经被称为"大师"了。

合同规定，由米开朗基罗雕刻一座《悲恸》，一年完工，价格450杜卡。米开朗基罗还注意到，迦罗在合同上又添了几句话：

"我，雅各波·迦罗保证，这个作品将比现在罗马的任何大理石雕像都美，为我们时代的一切大师所不及。"

看到这句话，米开朗基罗盯着迦罗看了半天，问：

"要是完成之后红衣主教说：'我在罗马见到过更好的。'那可怎么办？"

迦罗笑着说：

"你要对自己有信心，我认为绝对不会的。如果真的是那样，我可以还他钱。"

"那么雕像就归你了？"

"我想我还接受得起。"

有了迦罗这样的鼓励和支持，米开朗基罗就放开胆子干起来。

他先雕圣母玛利亚。米开朗基罗的母亲去世时仍然年轻，而且漂亮，这给米开朗基罗留下很深的印象。所以，当他雕刻玛利亚这一形象时，就不停地想起他的母亲。

雕刻进行了一段时间，格罗斯拉耶来到米开朗基罗的工作室。当他看到米开朗基罗刻的圣母时，禁不住问：

"告诉我，孩子，你怎么把圣母刻得这么年轻？比他的儿子耶稣还年轻。"

"主教，在我看来，圣母是不会变老的。她是纯洁的，她是不会变老的，上帝会让她永远保持青春。"

主教觉得他的回答很有道理，满意地点了点头，接着说：

"孩子，我希望你能在今年 8 月完成这尊雕刻。我现在最大的愿望是亲自为它举行安放仪式。"

米开朗基罗虽然不很清楚主教为什么这样着急，但看见他那诚恳的样子，还是答应了他的要求，抓紧干起这项工作来。

每天天刚刚亮他就起床，直到深夜才睡下。往往是困得不行，倒头就睡，衣服也顾不得脱。

晚上工作时，灯光太暗，而且有阴影。米开朗基罗想出一个好办法。他买了一块硬纸板，用他做成了一顶有檐的帽子，在帽子外面加了一圈铁丝，大小正好容纳一支蜡烛。当他的脸距离大理石非常近的时候，光线就正照在他要雕刻的地方。

但是，这顶奇怪的帽子有一个缺点，由于蜡烛燃烧得太快，蜡油常常漫过了帽檐，滴到额头上。虽然这样，米开朗基罗仍然为自己的发明感到高兴。

一天深夜，米开朗基罗正在聚精会神地工作，忽然有人来敲他的门。是谁这么晚还来找他？米开朗基罗觉得奇怪，摘下帽子放在桌上，给来人开了门。

原来是他的一个朋友巴格利奥尼，他带着一群年轻人站在外面。

"哦，我们刚刚从一个舞会回来，路过这里，看见这么晚了，你的灯还亮着，想看看你在这样的夜里搞些什么。"说到这里，巴格利奥尼忽然在昏暗的烛光中注意到米开朗基罗的脸，"天哪，米开朗基罗，你的眉毛上是些什么东西？"

一听朋友问起这个问题，米开朗基罗显出很骄傲的样子，他把桌子上那顶奇怪的帽子举给大家看。

"这是我最近的新发明，你们看，它可以在我工作的时候照明。"米开朗基罗一边说，一边就真的把那顶奇特的帽子戴上，演示给大家看。

米开朗基罗带着那顶帽子的样子怪怪的，引得大家哈哈大笑，但是，他们也都觉得米开朗基罗的发明真的很不错。

不能让他们张冠李戴

尽管米开朗基罗想尽一切办法加快雕刻的速度，红衣主教还是没能等到雕刻完成，就去世了。米开朗基罗和迦罗一起参加了他的葬礼。

米开朗基罗觉得有些内疚，如果当初他能暂时停止雕刻那座《酒神》，先为格罗斯拉耶雕刻《悲恸》，那样，他也许就能亲自把这座雕像放进教堂了。可是，现在想这些都已经没有用了。

这以后，米开朗基罗更抓紧一切时间雕刻。时间在紧张的工作中流逝得飞快，转眼两年过去了，当雕刻终于完成时，迦罗来到工作室，看到米开朗基罗雕刻的《悲恸》，他说：

"我想我履行了我和红衣主教签订的合同。这真的是罗马最美丽的大理石雕像。"

听到迦罗的这种赞扬，米开朗基罗自然很高兴，但是，他有一个重要的问题：

"迦罗先生，可是我们的合同并没有说明，我们有权把雕像放进圣彼得教堂啊！"

迦罗想了想说：

"我们可以悄悄地把它放进去，只要放进了壁龛，还有谁会把它弄出来不成？明天我就找人来帮你办。"

迦罗一向说到做到。第二天晚上，迦罗把全家都带来了，他的三个身材魁梧的儿子，还有几个堂兄弟。

他们用好几床毛毯把雕像包好，又一起把它抬上了一辆马车，用绳子拴牢，然后就小心翼翼地上路了。

要把雕像放进教堂，必须抬它走过 35 级大理石台阶。经过一番辛苦，他们终于把这尊雕像放进了壁龛中。

《悲恸》安放到圣彼得教堂以后，引来了许多人观看，大家都在夸奖这尊雕塑，可是很少有人知道它是谁雕刻的。

有一天，米开朗基罗在教堂里，听见有一家人在议论他的雕像。

"这尊雕像简直太美了！可是，是谁雕的呀？我真想见见这位大师。"

"这你都不知道。"另一个声音很有把握地说，"它的作者是我们米兰的郭波。"

米开朗基罗听到这里，皱了皱眉头，一声没吭地向自己的住处走去。

一路走着，他闷闷不乐地想：

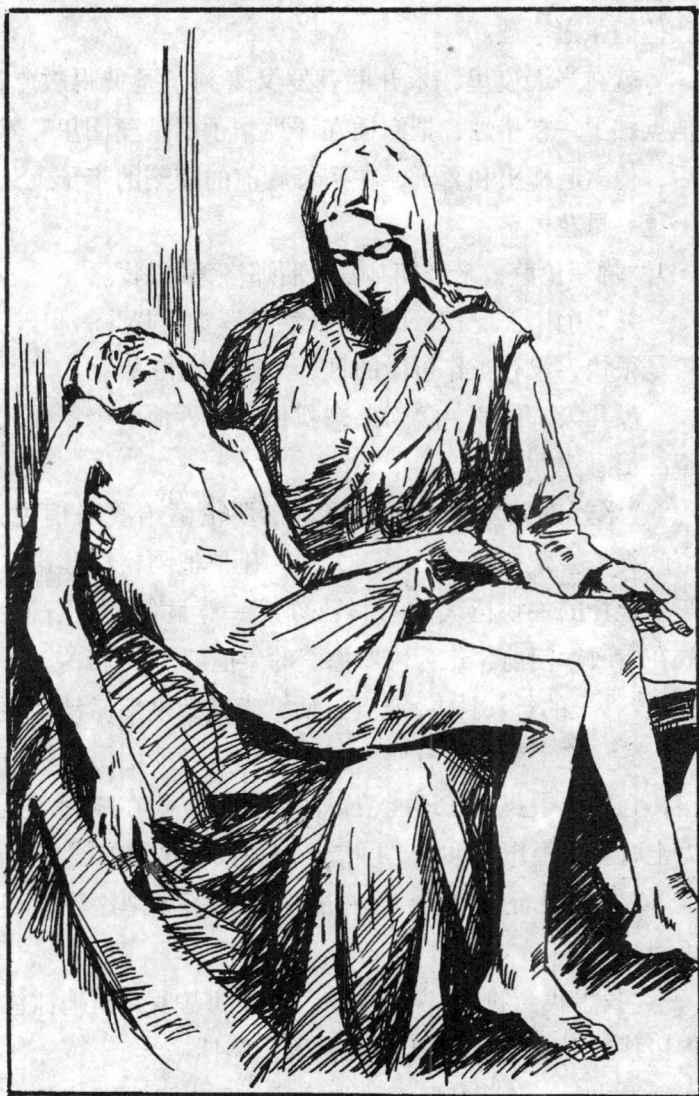

SHIJIEMINGRENZHUANJICONGSHU

米开朗基罗

"不行，那是我的创作，我智慧的结晶，我可不能让他们张冠李戴。"

就在当天夜里，米开朗基罗又来到了圣彼得教堂，他点燃了一枝蜡烛，把它插在那顶帽子的铁丝圈里。然后，他拿起榔头和錾子，在圣母胸前的雕刻的带子上刻上了一排花体字：

"佛罗伦萨人米开朗基罗·朋那洛蒂雕刻"。

《悲恸》终于完工了，米开朗基罗觉得松了一口气，可是很快，没有工作可做的日子又让他觉得无聊了。

没几天，保罗·鲁切莱来找他，告诉他一个令他兴奋的消息：

"米开朗基罗，我的表兄从佛罗伦萨给我来信说，市政委员会正在找一个雕刻大师，让他把阿格斯廷诺·第·杜丘的一块巨大的石料雕刻成一尊最伟大的石像，放在市政厅门前，作为佛罗伦萨的象征。"

"杜丘的石头！"一听到这话，米开朗基罗激动得眼睛一亮，连手都好像有些发抖，"我一直都记得那块石料，它的样子我现在还能记得清清楚楚。我在雕刻海丘力士时就曾经想买下它，可惜当时我没有足够的钱。"

"你能保证用它雕刻出最伟大的石像吗？"鲁切莱问。

"我想我会的。"说到这儿，米开朗基罗兴奋地抓住鲁切莱的手说，"我马上要回佛罗伦萨！"

很快，米开朗基罗简单收拾了一下自己随身带的东西，和自己的一个好朋友告了别，两天后，就离开了罗马，返回了佛罗伦萨。

再度踏上佛罗伦萨的土地，米开朗基罗才意识到，自己离开这里已经整整四年了。

佛罗伦萨的骄傲——大卫像

刚刚回到佛罗伦萨，米开朗基罗就打听到，杜丘的那块石料现在放在主教座堂的工地。于是他来到工地，又找到了那里的负责人贝卜。

贝卜见到米开朗基罗很高兴，带着他去看那块17英尺高的石料。

从工地回来，米开朗基罗就开始琢磨，该选一个什么样的人物来雕刻。他又开始重读《圣经》，经过几天的考虑，他决定，就选书中力大无比的巨人形象大卫。

第二天，他就四处去看从前的艺术家已经创造出来的大卫形象。他站在卡斯塔诺的油画前，画上的大卫细胳膊细腿，小手小腿，那张面孔长得非常清秀，虽然好看，但是，像小姑娘一样。

他又去看安东尼奥·波莱瓦罗的《胜利的大卫》，他画的要比卡斯塔诺的大卫健壮些，但是却翘着几根纤纤玉指，好像一位正要吃蛋糕的娇小姐……

他看了好多，都和他所想象的大卫不一样。《圣经》中描写的大卫，他赤手空拳地把狮子和熊打死，可是，他们创作的大卫是无论如何也办不到的。

"可是，怎样才能把这个大卫形象雕刻得像《圣经》中描写的一样呢？"

米开朗基罗回到自己的住处，关起门来，冥思苦想了一周工夫，最后他终于完成了一幅还算令自己满意的草图，第二天，就把它送到市政委员会去。

他焦急地等待了好多天，一天，市长索德里尼派人来叫他。

"米开朗基罗，经过我们最后商定，那块杜丘的石料归你了。你就把它雕刻成大卫吧。"索德里尼在办公室里对他说。

知道了这个消息，米开朗基罗高兴极了，他把这个好消息告诉给他的家人，还有他的好朋友。

格兰那齐特意为这件事，召集来一些人，开了一个庆祝会。

庆祝完了，米开朗基罗就开始他的工作了。这么多年从事雕刻，他知道，完成草图，只是进行了工作的很微小的一部分，雕刻起来遇到的困难还很多。

他最先遇到的困难是，那块 17 英尺高的大理石正中挖伤得很厉害，只要稍稍动一动，就可能一折两半。这样的石料是不能直接在上面雕刻的，一定要想个好办法。

他跑了很多地方，买到了一张特大的纸，然后把纸贴在石柱表面，画出了石柱的轮廓。他把深挖进去的地方度量得特别精确。

然后，他把纸拿到工作室去，钉在墙壁上，就在上面画起《大卫》的轮廓设计图来。这张图上清楚地标明了石料的哪些部分必须凿掉，哪些部分必须留下来。

　　这样，他才回到工地，从头到脚把大理石的边角部分凿掉，使石料的重量均匀平衡，就不会再断裂了。

　　现在可以雕刻了，可是这时，米开朗基罗忽然强烈地感觉，他那张使市政委员会的人们满意的草图，现在对于他已经没有意义了。他的脑海里又有了更好的想法。

　　他烧毁了原来的草图，又开始重新画起来。他仔细地研究《圣经》中涉及到大卫的地方，包括大卫的动作、表情，最重要的是他的思想，米开朗基罗都用心考虑了一遍。

　　当他再次拿起工具，走到那块石料前的时候，他感到自己现在终于胸有成竹了。但是，重新画草图用去了他很多时间，要按照合同上的要求完工，他已经有些来不及了。

　　米开朗基罗又开始疯狂地工作，他连吃饭换衣服都舍不得停一停。他一天20个小时啃着那块巨大的大理石，刺鼻的灰粉塞满了他的鼻孔，染白了他的头发。

　　有一个星期天的下午，索德里尼来看他，被米开朗基罗工作的场面吓了一跳。当米开朗基罗注意到他，暂时放下工作，走到他面前时，索德里尼说：

　　"我刚才一直看着石头碎屑满天乱飞，我简直以为整个大理石都会变成碎屑飞上天去了！"

就这样，米开朗基罗终于按时完成了这尊巨大的雕塑，从构思到彻底完工一共用了三年的时间。

可是要把这尊石像运到市政厅去，可不是件容易事。四十几个年轻力壮的人，足足用了四天时间，才终于把它运到了目的地。把它安放好的时候，整个佛罗伦萨已经是夜深人静了。

第二天，米开朗基罗来到市政厅门前，他看见许多人都站在雕像周围，再看看石像上面，贴着一张张纸片。

他在罗马时，见过这种场面。那时，人们曾经在梵蒂冈的大门上张贴诗文，谴责波吉亚家。也有的时候，人们用这种方式表示对某座雕像的不满。

想到这里，米开朗基罗感到有些紧张。他看看周围人的表情，想从中猜出他们的态度，但是，大家都静静地站着，样子很严肃。

于是，米开朗基罗干脆走到雕像前，撕下最下面的一张字条，上面写着：

"你给我们佛罗伦萨人带回了自尊心！"

他连忙激动地又撕下了一张字条读起来，"这尊大卫像是佛罗伦萨人的骄傲。"

这时候，他忽然发现了熟悉的笔迹，那是康黛辛娜的。

"我的父亲曾想为佛罗伦萨完成的一切，都表现在你的《大卫》里面了。"

看到这里，米开朗基罗的眼睛渐渐模糊了。

后来，佛罗伦萨的人就自然而然地把米开朗基罗雕刻的这尊《大卫》像，当成这座城市的象征和保护神。

向头号艺术家挑战

完成了大卫的雕刻，米开朗基罗在佛罗伦萨的名气也越来越大了。有很多地方向他订货，米开朗基罗和主教座堂的人签了合同，雕刻一套《圣徒》像。

不久后，他听说市政委员会和里昂那多·达·芬奇签订了一个合同，达·芬奇为市政厅的东侧墙壁的右半壁雕刻一幅壁画。达·芬奇为这幅壁画打的草稿，不久就成了佛罗伦萨人议论的重要话题。大家都说，一件伟大的作品马上就要诞生了，而达·芬奇也被称作佛罗伦萨的"头号艺术家"。

米开朗基罗也跑去看达·芬奇的画稿，那是一幅描绘战争的图画，士兵身上穿戴着古罗马时的盔甲，骑在一匹匹骏马上，他们正陷入一场激烈的战争之中。米开朗基罗不得不承认，这幅画的确雄伟壮丽，他也承认，达·芬奇确实是伟大的画家。

但是，米开朗基罗还是觉得心中不舒服。他认为自己也是意大利画家中非常优秀的一个，也许还并不次于达·芬奇，只是他必须找机会证明给大家看。至少，要和这位"头号艺术家"比试一下。

正当米开朗基罗闷闷不乐地为这件事心烦时，他忽然想出一个主意。

"我为什么不向市政委员会申请，让他们把市政大厅东壁的左半边留给我来刻呢？"

第二天，米开朗基罗就来到市长索德里尼的办公室，他对市长说明了自己的来意，索德里尼惊奇地叫道：

"可是，是你自己亲口告诉过我，你对壁画从来不感兴趣！"

"但是，我想向达·芬奇挑战，看看我能不能画出更好的壁画。"

"可是，你已经和主教座堂签订了雕刻《十二圣徒》的合同。"

"我可以同时完成这两件工作。十二门徒我也一定会雕好的，而那堵墙的另一半我也一定要画！"米开朗基罗语气非常坚定地说，然后就离开了办公室。

他回家的路上就一直在想：

"怎样才能让他们同意我的要求呢？一定要把草图画出来给他们瞧瞧。"

一到家中，米开朗基罗就开始进行这项工作。他选了一个令佛罗伦萨人骄傲的题材：佛罗伦萨征服比萨时的场面。

三天之后，他又来到市长办公室。进门后，米开朗基罗也没说话，只是把他的画稿——《卡西那之战》平辅在索德里尼的桌子上。

画上是 20 个男子汉的形象，线条粗犷豪放。索德里尼静静地看了好半天，等他抬头时，米开朗基罗看出他眼中流露出的赞赏的神情。

米开朗基罗的努力果然成功了，市政委员会和他签订了合同，由他来为市政大厅东侧墙壁的左半边雕刻壁画。

这个消息也很快传遍了全城，人们纷纷来看米开朗基罗的画稿，大家都赞不绝口。

有很多青年艺术家向他要求临摹他这幅画稿。

有一天，一位年轻人来拜访米开朗基罗。他说：

"您的那幅画稿使绘画成为另一种艺术，我觉得自己非要重新学起不可，我向里昂那多·达·芬奇学到的已经不够用了。"

他还问米开朗基罗：

"我可不可以把我自己的东西搬来，在画稿前面工作？"

米开朗基罗很客气地拒绝了他，但是，他同时感觉到，自己已经不知不觉中成为一批有才华的青年艺术家的领袖了。而这位上门求教的青年人，就是后来意大利著名的画家拉菲尔·山济奥。

无可奈何的艺术家

正当米开朗基罗兴致勃勃地要把画稿转画到市政大厅的墙壁上时，索德里尼又把他叫到办公室。

"我们接到教皇朱利亚斯的命令，让我们马上把你送到他那里去。"

"可是，现在我不能离开佛罗伦萨，你知道有很多工作等着我做。"

"可是，你不能拒绝教皇的命令，教皇的友谊对于佛罗伦萨来讲很重要。"

没有办法，1505 年 3 月，无可奈何的米开朗基罗又再次来到了罗马。很快，他被人带去见教皇。

"我在圣彼得教堂看见了你雕刻的《悲恸》，那大教堂正是我想修建陵墓的地方。我要把我的陵墓建在教堂的正中，而你就用大理石为这座陵墓雕刻三十多个的英雄形象。"教皇对米开朗基罗简单讲明了自己的要求，随后又去忙别的事去了。

不久，教皇给了米开朗基罗 1000 杜卡，派他到卡拉拉山去，亲自购买雕刻用的大理石。可是，这笔钱除了要用来买石料，还要支付搬运工的工钱等等许多费用，1000 杜卡是远远不够的。很快钱就花完了，米开朗基罗又用自己积攒下来的一点钱垫上。

可是，亏欠的账单越来越多，米开朗基罗只好求见教皇。

听完米开朗基罗的话，教皇只是说了一句：

"你星期一再来！"

这时，有人告诉他，教皇听了别人的劝告，说给自己修陵墓是不吉利的，那会使他过早的死去。所以，陵墓的计划可能要取消了。

"那我可怎么办呀？"米开朗基罗焦急而又气愤地说。

这以后，米开朗基罗一连几天求见教皇，教皇只是冷冷地接见他，告诉他下次再来。

一个星期五，米开朗基罗再次求见时，干脆被士兵拦在了门外。

米开朗基罗一气之下，回到自己的房间，坐到桌旁，草草地写道：

"最受祝福的父，我今天被你的命令拒绝进入宫廷，因此，如果你需要我的话，只好到罗马以外的地方去寻找了。"

他留下了这张条子，当天晚上就租了一辆马车，往佛罗伦萨去了。

回到佛罗伦萨，米开朗基罗看到雕刻十二圣徒的大理石还在他的工作室里，而他那幅壁画的草稿也仍然存放在市政大厅。想到自己又要开始这些他喜欢的工作，米开朗基罗感到很高兴。

可是，第二天早上，市长索德里尼就急急忙忙地找他，劝他立刻回罗马，要不然，教皇一定会想办法惩罚他的。

"难道他会绞死我吗？"米开朗基罗笑着说。

两天之后，索德里尼派人请他去，给他读了一封教皇的来信，信上说要市政厅立即把米开朗基罗还给罗马，否则难免教皇要采取必要的措施。

"那我只有再往北走了，也许去法国。"

"你逃不掉的，教皇的手能伸到欧洲的一切地方。"

"我现在在他眼里怎么变得这样宝贵了？"

"因为，你既然拒绝为他服务，你就成了世界上他最想弄到手的艺术家了。"

米开朗基罗仍是迟迟不肯动身，一个月后，教皇下了一道正式谕旨：

"雕刻家米开朗基罗无缘无故耍脾气离开了我。据我所知，他现在害怕回来。我现在保证，如果他回来，他将不会受到任何伤害和损失。"

索德里尼为米开朗基罗读完以后，放下信说：

"这下你总该满意了吧。你可不要做的太过火，你应该比我更清楚，教皇的脾气特别暴躁，是一个喜怒无常的人，他常常只是按照自己的性子办事。"

"我可不会再往那个火坑里跳了。"

米开朗基罗说完又回去忙自己的工作去了。

可是，这件事已经弄得满城风雨。城里有人传闻说，教皇已经集结军队向佛罗伦萨进军了。

焦急的索德里尼终于亲自来到米开朗基罗的家中。

　　"米开朗基罗，我的朋友，您的故乡现在请求您做出牺牲，不要激怒教皇反对我们的故乡。快作为佛罗伦萨的使节到罗马去吧，把战争从故乡引开。"

　　听到这话，米开朗基罗知道，反对已经是不可能的了。现在，不是一个索德里尼，而是全体人民要求他让步。而他去不去罗马，也早已经不仅只是他个人的问题了。

　　"好吧，我这就回去。"米开朗基罗无可奈何地答应着。

　　经过几个月徒劳的抗争，米开朗基罗又一次启程离开家乡，赶往罗马。

西斯廷教堂的天顶面

　　米开朗基罗被叫去见教皇时，教皇正在宴席上，整个大厅变得鸦雀无声。教皇和米开朗基罗的眼睛对视着，谁也没开口。气氛显得非常紧张。

　　一位主教想要替米开朗基罗说几句话：

　　"圣座，对于艺术家要宽怀大度。艺术家在自己的本行以外，常常显得愚蠢。"

　　没想到这句话惹恼了教皇，他站起身来，大声吼道：

　　"你怎么敢说我的艺术家愚蠢？我看你才是真正的

蠢才!"

这句话不禁惹得大家心中暗暗好笑,但是没有人敢笑出声来。

只听教皇接着说:"明天你到我这里来,我要安排你一些事情做。"

第二天,米开朗基罗真的去找教皇。

"米开朗基罗,我一直想要你为我雕一尊青铜像,要身穿教皇袍服,头戴三冕皇冠。"教皇开门见山地说。

"雕刻青铜像!那我可是个外行。"米开朗基罗禁不住喊起来。

"你必须完成,要记住,你这是在为教皇服务!"

"圣父,如果我真的完成了这尊青铜像,你能再让我搞大理石雕刻吗?"

"你不可以和教皇讨价还价。一周以后,你把画稿带给我看。"

米开朗基罗带着一肚子委屈离开了。

以后长达两年的时间里,米开朗基罗就摸索着,学习着,克服了重重困难,真的按照教皇的要求,为他灌注了一尊特别高大的青铜像,而且令教皇很满意。

当米开朗基罗以为自己终于自由了,可以重新从事雕刻时,教皇又有了新主意。

"米开朗基罗,我在意大利所有画家中挑选了你。我决定让你为西斯廷教堂画天花板。这是一个伟大而又光荣的任务。"

　　米开朗基罗一听这话，瞪大眼睛，愣愣地站在那里老半天，然后说：

　　"我是个雕刻家，不是画家！圣父，大理石是我的职业，让我为您的陵墓雕刻伟大的摩西、胜利者还有俘虏吧。我保证它们会成为伟大的雕刻……"

　　"不用再说了，你明天就开始给我去画西斯廷的天花板，装饰它的拱顶，我给你3000杜卡，还给你5个助手的费用。把这个画完之后，我同意你回到你的大理石上去。好了，你退席吧！"

　　米开朗基罗还能说什么呢？他能往哪里逃呢？就像索德里尼曾经说的，教皇的手可以伸向欧洲任何地方。他知道，自己除了服从，什么办法也没有。

　　他走向西斯廷教堂，很多人都知道，这座教堂是以最笨拙、最丑陋的建筑物闻名的。

　　米开朗基罗站在教堂中央，这个巨大的教堂周围的墙壁有133英尺长，头上的筒形圆顶有68英尺高。他的任务是用绘画来装饰这样巨大的面积。最让米开朗基罗难过的是，他的这幅画最直接的目的是用来掩饰别人已经制造出来的丑陋。

　　可是，米开朗基罗一旦开始工作，就不会应付了事。他不愿意署有他名字的任何作品将来被人谈论起来时，被说成是糟糕的。尽管不是心甘情愿，他仍然是认认真真地开始构思了。

　　他决定把《圣经》中描写上帝创造人类那整整一章，画到西斯廷教堂的天花板上。

好朋友格兰那齐听完他的计划，吓得目瞪口呆。

"你疯了！米开朗基罗。要把整章《创世纪》画到天花板上，我看至少要40年时间！"

"不，四年就够了。"

格兰那齐上前搂住了米开朗基罗，用力拍着他的肩膀说：

"你简直有大卫的勇气，我祝你成功！"

米开朗基罗从"洪水"那一段开始画起，先是在画纸上画，用了三个月时间，然后再把它复制到天花板上。

在几个月的时间里，米开朗基罗一步也没有离开过这座教堂，只有吃饭和打盹时才放下画笔。深夜里他还常常在脚手架上绘画，困了就躺在硬梆梆的木板上睡；第二天，太阳刚刚照进教堂，他又重新投入了工作。

当第一幅画基本完成时，教皇来到西斯廷教堂。

他爬上梯子，在脚手架上和米开朗基罗见了面。教皇仔细地研究了画面上的55个男人、妇女和孩子，然后说：

"天花板上的其他部分也能画得同样好吗？"

"应该还要更好一点。"

"你真令我高兴，我的孩子。我要命令我的司库给你500个杜卡。"

米开朗基罗拿到了钱，把大部分送给他的父亲，剩下的买了些食物。接着，他又开始了下一幅画的创作。

他起早贪黑地画了 40 天，终于又完成了《诺亚的献牲礼》。这时，他已经 30 天没有脱衣服睡过觉了。当他艰难地把靴子脱下来时，脚上的皮被拉掉了几块。

米开朗基罗在脚手架上做画非常艰苦，开始时是站着，为了能够透视，他只好弯着脖子，时间一久，就会头晕目眩。虽然他已经学会每画一笔就眨眨眼睛，但是颜料仍然常常会滴到他眼睛里。

他在脚手架上做了一层平台，这样，他就可以坐着绘画。但是，为了保持身体的平衡，他必须把缩紧的两条腿，贴在肚子上，这样坐久了，实在支持不住，他就躺下来。这时候，他就要用力收紧膝盖，把它贴在胸口，使手臂平衡，不会颤抖。

他的脸上落满了不断滴下来的颜料。不管他朝哪个方向倾斜，不管是蜷着、躺着，还是跪着，他都感到非常吃力。

他担心自己的眼睛快要瞎了，弟弟来的信，他看了半天，就是看不清楚。这时候，他特别想念自己的故乡——佛罗伦萨。

夜深人静的时候，他写了一首打油诗，表达自己的痛苦：

> 脖颈上，我的下巴紧张地向上翘，
> 就像那，当铺里喝不到水的猫。

腹部紧紧挨下巴，

后脑勺，紧贴背。

画笔上，色彩滴滴注脸上，

我的脸，变成了五彩缤纷的调色板。

皮肤堆到了一块儿，

身佝偻，我变成了弯弯的叙利亚大葱。

这时候的米开朗基罗其实刚刚三十几岁，但是，他已经皮肤松弛，面孔苍老，背也微微有点驼。看上去已经完全像四五十岁的模样。

可是，尽管米开朗基罗在这样艰苦的条件下努力工作着，多数时间里还是遭到教皇的埋怨，他常常生气地催促道：

"你到底什么时候才能画完呢？我什么时候才能把这么伟大的作品展示给全世界的人看？"

"到画完的时候，自然就画完了。"米开朗基罗总是给他同样的回答。

一共用了四年的时间，米开朗基罗终于完成了这幅伟大的天顶画。脚手架在感恩节前几天拆掉了。

感恩节那天，教皇为这组巨画举行了揭幕典礼。很多人都特地跑来看，大家都被看到的一切惊呆了。

这巨大的天顶画是由一系列描写圣经故事的画面组成的，这里有《上帝创造人的最初时日》，接下去的是《洪水》和《诺亚醉酒》。给人印象最深刻的是《亚当和夏娃犯罪而被逐出乐园》、《创造亚当》、《创造夏

娃》……

　　每个走进教堂的人都惊呼着，赞叹着。

　　"真了不起!"

　　"除了米开朗基罗，没有人能创作出这样伟大的天顶画!"

　　"简直是不可思议!"

　　从此，西斯廷教堂就因为这美妙绝伦的天顶画，一下子从最笨拙、最丑陋的大教堂，变成了众人仰慕的地方。

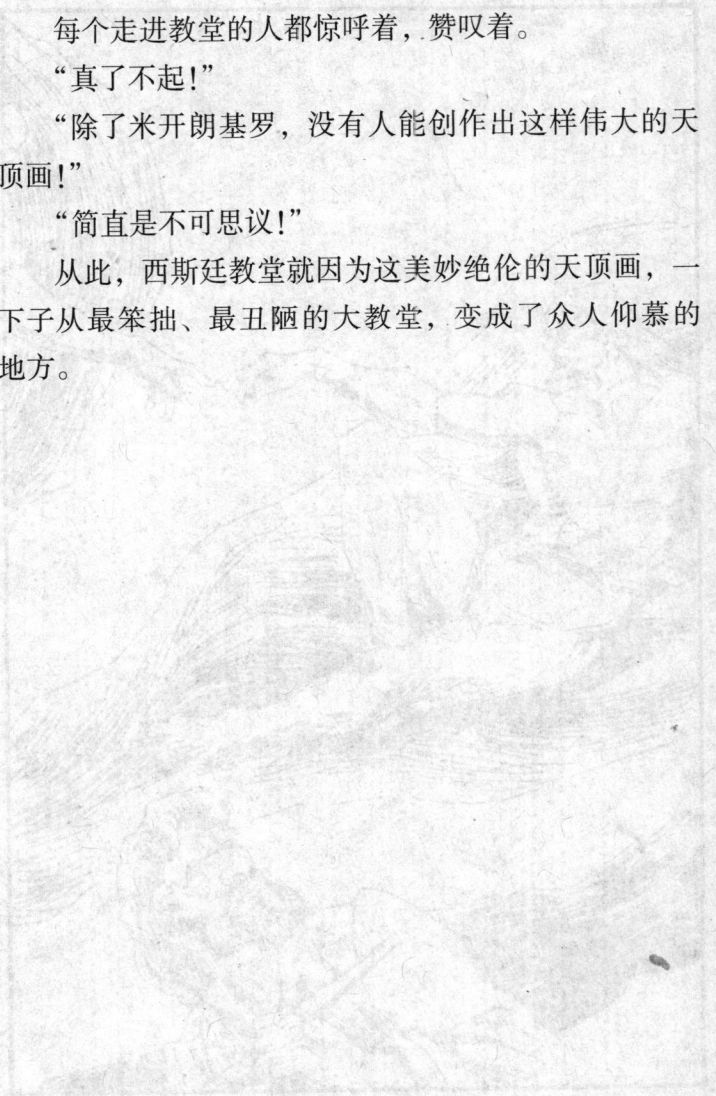

不得安闲的暮年

米开朗基罗的晚年仍然不能得到一刻安宁，他总想完全按照自己的心愿，塑一尊雕刻，却又因为教皇大笔一挥，变成了一名建筑大师。

又变成了建筑师

西斯廷教堂的天顶画完成还不到四个月，1513 年 2 月，教皇朱利亚斯去世了。米开朗基罗在罗马像俘虏一样的生活也应该结束了。

但是，米开朗基罗从来都遵守自己的诺言，也不会忘记自己从前的计划。现在教皇死了，他并没忘记要为教皇的陵墓雕刻那三十几个英雄形象。

他按照自己原来的计划，先开始雕刻这组雕刻的主体——立法者摩西。但是，这时的教皇换成了乔万尼·德·美迪齐，他要求米开朗基罗马上停止这项工作，为佛罗伦萨的圣·罗伦左教堂设计门面。

出于无奈，米开朗基罗又只好暂时放下这份工作。教皇听人说，别特拉桑捷采石场的大理石是最好的，就派米开朗基罗去那里的采石场。

那里的大理石虽然非常好，但是要把石料运输出来却非常困难。为了这个，米开朗基罗又亲自画图纸，还特地率领一批人，修筑了穿山隧道。

最后，他足足用了三年的时间，才总算把那里的大理石运到了佛罗伦萨。当米开朗基罗坐在自己的工作室，以为终于可以用这些美丽的大理石雕刻时，红衣主教派人把他找去，对他说：

"米开朗基罗,我们现在决定放弃圣·罗伦左教堂正面墙壁原来的设计。因为主教座堂的地板需要重新铺设,我想,你采来的大理石在那里一样能派上用场。"

"你们真的要拿这么精美的大理石去铺主教座堂的地板吗?"米开朗基罗简直不敢相信自己的耳朵。

"大教堂需要铺地板。"红衣主教语气平淡地又重复了一遍自己的话,接着又说,"现在,你的职务被撤销了。"

米开朗基罗跌跌撞撞地走出了门。自己做了这么久的准备工作,没想到,到最后,只是人家的一句话,自己就无缘无故地被撤了职。

沮丧的米开朗基罗又想起了自己留在罗马的工作,他重新返回到罗马,开始为从前的教皇朱利亚斯的陵墓雕刻石像。

这期间,米开朗基罗又经历了社会的政治斗争,还有教皇的更替,这些都使他很难安安静静地工作几天。几乎每个新上任的教皇都要把米开朗基罗叫去,让他为他们完成什么雕像或壁画。西斯廷教堂那幅至今让人叫绝的壁画——《最后的审判》,就是这期间完成的。

就这样,直到 1545 年,米开朗基罗已经 70 岁了,朱利亚斯的陵墓才算基本完工。从他开始计划,直到陵墓的最终完工,前后一共经过了 30 年时间。

最让他感到遗憾的是,对于这个陵墓从前的设想却由于各种原因,根本没有实现。

他最初想要雕刻 40 个雕塑,最后只完成了 3 个。

《摩西像》仍然是陵墓的中心部分，摩西的两旁，是两位女子——拉亚和拉希利，她们分别是出世和入世的象征。而陵墓的其余部分，就是其他雕刻家的作品了。

这时候的米开朗基罗由于常年的劳累，精力已经不像从前那样旺盛，还常常生病。

但是，他从来没有一天间断过自己的工作。有很多订货等待他去完成，而且，他自己又常常想出一些新主意，总是希望什么时候，他能把必须要做的工作做完，好静下心来，抛开一切束缚，完成一个真正只为他自己的作品。

1547 年的一天，米开朗基罗又被当时的教皇保罗三世叫去。回来以后，米开朗基罗难过地说：

"教皇的大笔一挥，我又要由雕刻家变成建筑师了！"

原来，教皇保罗三世命名米开朗基罗为总建筑师，负责建造圣·彼得大教堂。

像从前一样，米开朗基罗虽然很不情愿，可是，一旦接受了一项任务，他就要努力把它做好。

他原来虽然也和山加罗学过一点建筑艺术，但是只是看看、欣赏欣赏，从来没有想过自己要真正指挥建造一座大教堂。

可是，教皇的命令不能违抗，已经 72 岁的米开朗基罗，就凭着自己从前学到的一些建筑方面的知识，再加上不断地探索，最后由他指挥完成的圣·彼得大教堂，竟然成为欧洲建筑史上的精品。

雨中的紫罗兰

在米开朗基罗生命的最后一段时间里，他的健康状况一天不如一天。但是，他仍然不忍心放下自己心爱的凿子。甚至有时半夜里还从床上爬起来，头上仍然戴着年轻时自己设计的那种奇特的帽子，工作起来常常又是一个通宵。

这段时间里，米开朗基罗记起了他年轻时雕刻的那尊《悲恸》，对那一主题又开始感兴趣了。于是，他决定重新再雕一尊《悲恸》，这尊雕像只为他自己。

一天傍晚，米开朗基罗觉得不舒服，很早就上床躺下了。可是，他翻来覆去地，怎么也睡不着。直到深夜，他还在想着他刻的那尊《悲恸》，越想越觉得圣母的表情应该改变一下。

米开朗基罗这样想着，于是翻身下了床，戴上他的顶着蜡烛的帽子，就开始干起了。

可是，他越干越发现，自己心中的想法总是不能真正地体现，手中的凿子怎么也不像年轻时那样听摆布。他开始急躁起来，觉得简直要被这不听使唤的凿子气疯了。他站起身，看着这尊没完成的雕像，越看越觉得不满意。他不能忍受自己雕刻出这样糟糕的石像。最后，他举起了凿子，使足了力气，把他面前的石像敲得粉碎。

米开朗基罗感到自己实在是已经老了。他又躺到自己的床上，想到自己还有那么多想法没有实现，心中非常难过。

第二年春天，米开朗基罗已经89岁了。

春天的到来，也许给人带来一些希望，米开朗基罗的身体也有一些好转。他就又开始雕刻他的《悲恸》。

有时候，他还一个人出去散步。他觉得这么多年，自己一直忙着和石头、凿子打交道，很少有时间欣赏身边这样美丽的大自然风光。

有一次，他在前一天晚上病得挺厉害。第二天一早，他的仆人冒着雨去找医生，可是当医生赶来时，却发现病人不在自己的房间里。

过了一会儿，只见米开朗基罗回来了，脸上带着一丝平时少有的微笑。他一进门就看到大家都有一些生气地看着他，于是他说：

"别生气，我的朋友们，我很好。你们看，我和它们一样，痛饮了上天降下来的甘露。"

说着，米开朗基罗把手里的紫罗兰花举起来，给大家看。可是，大家都看得出来，冒雨走了一早晨，米开朗基罗已经累得精疲力尽了，他和人们说完这些话，就走到自己房间里，倒头就睡。

当天，米开朗基罗发了高烧。

1564年2月18日，那天是星期五。意大利伟大的雕刻家米开朗基罗的床前，围着他的一些朋友和亲戚。

大家都知道，米开朗基罗要离开他们了。米开朗基罗自己也很清楚，他低声对身边的人说：

"我的灵魂归于上帝，而身体归于佛罗伦萨的土地，即使我死了，我也要返回那里去……"

那一天的黄昏，太阳的最后一抹余辉消失的时候，米开朗基罗永远离开了这个世界。

按照他的遗愿，人们把他的尸体运回佛罗伦萨。

米开朗基罗一生节俭，但是他的葬礼却非常隆重。他的艺术家同行们都为失去这样的艺术大师感到痛心，发自心底的悲哀把他们聚到一起来，自动地组成了一支长长的葬仪行列。年长的深深地低着头，手里握着葬仪的烛火，年轻的抬着棺材。

当这支葬仪行列走出教堂时，一下就被人群淹没了。佛罗伦萨的人们都来为他们自己的艺术家送葬……

米开朗基罗被安葬在圣·克罗切教堂里，他的墓碑就在他生前最喜欢的诗人但丁的墓碑旁边。

年　　谱

公元纪年	记　　事
1475 年 3 月 6 日	降生于意大利佛罗伦萨附近的卡普莱斯镇。
1488 年 4 月—1489 年	按照父亲洛多维哥和画家吉尔兰岱约的合同，在吉尔兰岱约画室学画。
1489—1494	在罗伦左·德·美迪齐开设的圣·马可艺术学校，师从多那太罗的学生、雕刻家白托多学习雕刻；后又在罗伦左开设的柏拉图学院结识了当时的著名诗人和哲学家。这期间，完成雕塑《半人马的战争》、《海丘力士》，以及木雕《十字架上的耶稣》。
1494 年 10 月	彼埃罗·美迪齐被起义的佛罗伦萨市民赶走，米开朗基罗被迫离开佛罗伦萨，前往波伦亚住了一段时间。
1495 年夏	回到佛罗伦萨，做了极具古希腊风格的雕塑《小爱神》。
1496	应红衣主教里阿利奥之邀前往罗马。

公元纪年	记　　事
1501—1504	返回佛罗伦萨，做雕塑《大卫》。
1505 年 3 月	应教皇朱利亚斯之请到罗马，准备建造朱利亚斯陵墓。
1506 年 4 月	朱利亚斯听信谗言，打算放弃陵墓的建筑，停止对米开朗基罗的供给，米开朗基罗一气之下逃回罗马，返回佛罗伦萨。
1506 年 10 月	米开朗基罗被逼无奈，与教皇朱利亚斯和解。
1506—1508	受教皇之托，完成朱利亚斯的青铜像。
1508 年 5 月—1512 年 10 月	应教皇朱利亚斯之命，完成罗马梵蒂冈西斯廷教堂的天顶图。
1513 年元旦	西斯廷教堂天顶图正式向观众开放。
1513 年 2 月	朱利亚斯去世。
1513—1516	为朱利亚斯的陵墓做雕塑《摩西》；为佛罗伦萨的圣·罗伦左教堂门面绘制设计图。
1535—1541	完成西斯廷教堂祭坛画《最后审判》。

公元纪年	记　事
1542—1545	完成朱利亚斯的陵墓雕塑，《拉亚》和《拉希利》，在圣·彼得教堂的建筑中担任总工程师。
1564 年 2 月 18 日	在罗马寓所逝世，终年 89 岁。3 月 11 日，遗体运到佛罗伦萨，葬在圣·克罗切教堂。

传记丛书

世界名人

米开朗基罗

上

卢劲彬 ⊙ 编著

北方妇女儿童出版社

图书在版编目(CIP)数据

　　米开朗基罗 / 卢劲杉编著. —长春：北方妇女儿童出版社，2010.5
(2016.1 重印)

　　(世界名人传记丛书)

　　ISBN 978 - 7 - 5385 - 4630 - 9

　　Ⅰ. ①米… Ⅱ. ①卢… Ⅲ. ①米开朗基罗, B. (1475～1564) - 传记
- 青少年读物 Ⅳ. ①K835.465.72 - 49

　　中国版本图书馆 CIP 数据核字(2010)第 072337 号

世界名人传记丛书

米开朗基罗

总 策 划: 李文学　刘　刚

编　 著: 卢劲杉

责任编辑: 李少伟

插　 图: 戴　华

出版发行: 北方妇女儿童出版社

　　　　　(长春市人民大街 4646 号　电话:0431 - 85640624)

印　 刷: 北京一鑫印务有限责任公司

开　 本: 650 × 950 毫米　16 开

印　 张: 14

字　 数: 129 千字

版　 次: 2010 年 5 月第 1 版

印　 次: 2016 年 1 月第 3 次印刷

书　 号: ISBN 978 - 7 - 5385 - 4630 - 9

定　 价: 59.60 元(上、下册)

前言

　　《世界名人传记丛书》精选出来的世界名人完全是基于客观公正的立场，兼容古今中外，从教育、文学、科学、政治及艺术等方面选出最具影响力的著名人物。我们在向少年读者介绍世界上这些著名人物时，把他们面临危机的镇静，驾驭机遇的精明，面对挑战的勇气，别出心裁的创新，以及他们的志向、智慧、风格、气质、情感，还有他们的手段、计谋，以及人生的成功和败笔，一并绘声绘色地勾画出来。让少年读者跟随他们的脚步，去认识一个多维的世界，去体验一个充满艰辛、危机和血泪，同时又充满生机、创造和欢乐的真实人生。

　　为了顾及少年读者阅读的兴趣和习惯，这些传记都避免正面冗长的说教性叙述，而多从日常生活中富于启发性的小故事来传达名人所以成功的道理，尤其是着重于他们年少时代的生活特征，以期诱发少年读者们的共鸣。尽管是传记作品，我们也力求写得有故事性、趣味性。以人物的历史轨迹为骨架，以生动的故事为血肉，勾勒出名人们精彩的人生画卷；多用有表现力的口语、短句，不写套话、空话，力戒成人化，这是我们在风格和手法上的追求。

书中随处出现的精美生动的插图，乃是以图辅文，借以达到图文并茂的目的。每一个名人传记的文后，都附有简单的年谱，让少年读者能够从中再度温习名人的重要事迹。

希望我们的少男少女在课外阅读这些趣味性浓厚而立意严肃的世界名人传记时，能够于不知不觉之中领悟到做人处世的人生真谛。

2010 年 8 月

序言

　　米开朗基罗是文艺复兴时期的天才艺术大师。他不仅属于文艺复兴那样一个伟大的时代，而且属于整个人类文明史。他所创造的一切是人类艺术长廊中烁烁闪光的珍宝，保持着不朽的魅力。

　　经过了寂寞的童年时光，小米开朗基罗终于倔强地为自己在吉尔兰岱约的画室里争取了一个学徒的身份，而后又意想不到地进入了鼎鼎有名的艺术保护人罗伦左·德·美迪齐的府邸。在那里，他学习如何雕刻，在懵懵懂懂中探索着真理。

　　告别了五年充实而又幸福的岁月，米开朗基罗被迫开始了飘来荡去的流浪生涯，在现实激烈的矛盾斗争中，完成了数不清的伟大作品。那尊大卫像早已成为跨越时空的丰碑，永恒地歌颂着人类作为万物灵长的美好与高贵；而西斯廷教堂的天顶上那幅无与伦比的巨幅画卷，则成为艺术史上令人惊叹不已的奇迹。

直至垂垂暮年，米开朗基罗仍不得半刻安闲。年近古稀之时，他又放下雕刻的斧凿，成为圣彼得大教堂的设计师。这座由他亲自设计的大教堂，又成了文艺复兴时期建筑的一个精美的例证。

与同时代的艺术家相比，米开朗基罗也许还算幸运，他的很多创作在当时就得到了极高的赞誉。但是，我们伟大的艺术家在这其中究竟付出了多少代价，恐怕局外人永远也只是说说而已……

编者 识

目录

世界名人传记丛书

SHIJIEMINGRENZHUANJICONGSHU

SHIJIEMINGRENZHUANJICONGSHU

米开朗基罗

寂寞的童年

从小被寄养在石匠家的米开朗基罗，疯狂地热爱着石头。在上学的路上，他又被石头塑成的雕像拴住了脚步……

养在石匠家的"小公子"

　　1475 年 3 月 6 日，在意大利佛罗伦萨附近的卡普莱斯镇，当地行政长官洛多维哥·朋那洛蒂家中特别热闹，因为他的妻子又为他生下了第二个儿子，他就是我们这本书中所要讲述的主人公，文艺复兴时期意大利著名的艺术家——米开朗基罗。

　　刚刚降生的小米开朗基罗非常惹人怜爱，作为家中的新成员，他为家里增添了许多欢乐。但是，很快麻烦就来了，米开朗基罗的妈妈佛朗切斯卡夫人一直都体弱多病，医生常常嘱咐她需要安静地休养。

　　米开朗基罗降生的时候，他的哥哥刚刚两岁，天生地爱动淘气，只这一个孩子，都常常令妈妈精疲力尽，何况又添了个小宝宝。

　　最糟糕的是，由于身体虚弱，佛朗切斯卡夫人没有足够的奶喂小米开朗基罗。父亲、母亲迫不得已，打算把小米开朗基罗送到附近的塞提南诺山一户人家寄养，家里人都为这件事感到难过。

　　唯一能让他们欣慰的是，在他们看来，米开朗基罗的身体显得有些瘦弱，而塞提南诺山上空气非常清新，在那里他也许会长得健壮些。就这样，夫妻俩拿定了主意，不久，佛朗切斯卡夫人就含泪和小米开朗基罗告别。

寄养米开朗基罗的那家人，男主人是个石匠，他的家就在山上采石场附近。载着新生婴儿的车子，从卡泽金平原出发，在蜿蜒的亚平宁山脉的悬崖峭壁之间，一路颠簸朝高处的采石场行去。这一天春光明媚，山毛榉将绵延的山路装点出一片醉人的绿色，天空一碧如洗，没有一丝云朵，倒是高处翱翔的一只山鹰俨然成为一种点缀……

米开朗基罗就是在这样一个迷人的春日告别了自己的家，开始了他在石匠家成长的岁月。

在石匠托马左的妻子莫娜·巴巴拉的细心照料下，小米开朗基罗不知不觉地长大了。也许是因为巴巴拉的乳汁，也许是因为大自然清爽的空气，本来瘦弱的米开朗基罗，几个月工夫就变得健壮起来。

托马左家的农家小屋坐落在小村子里，紧靠着悬崖，这里对于米开朗基罗实在是太好了。还不懂事的米开朗基罗，常常在去山顶的羊群欢快的铃声中进入甜蜜的梦乡，又在这悠悠的铃声中睁开他的睡眼，好奇地看这广阔的大千世界，这铃声常常伴着巴巴拉妈妈纯朴的歌声，温柔地滋润着小米开朗基罗幼小的心灵。

同米开朗基罗一起长大的，是奶妈的儿子朱里奥，他们一块儿开始满屋里爬来爬去，一块儿从门槛望出去，瞅着这上帝造就的世界。巴巴拉忙中偷闲地用她的手臂，轻轻地拍打着、爱抚着这两个孩子。比起米开朗基罗自己的家，这里要艰苦得多，但是这种生活把在另一种环境中诞生的米开朗基罗锻炼得强健起来。

米开朗基罗的妈妈在家中常常牵挂自己的孩子。一次，她和丈夫一块儿去看儿子，事先他们给石匠家带去了口信儿。巴巴拉特意精心收拾了自己的农舍，用山花和绿草把它装扮起来。简朴的农舍变得舒适多了，甚至显出几分诗意。孩子穿着洁白的衬衣，健康而又快活。

这次的探望无疑使佛朗切斯卡夫人放心了许多，但是，让她觉得有些失望的是，米开朗基罗并没有想念她，好像忘了她才是他的妈妈。

米开朗基罗就这样渐渐地在石匠家成长起来。他常常很安静，喜欢一个人坐在被太阳晒得暖烘烘的石头上，望着那高峻的山峰，那绿色的山野，还有那原野上的羊群。在暮色降临时，落日的余辉常把陡峭的山岩染成血红色，而后又渐渐地消退。村里的大人们无意间留意到他，都觉得有趣。

"这么大点儿的小孩子，他在看什么，还看得这样入迷？"路过的人常常这样说。

时光飞逝，很快，小米开朗基罗已经两岁了，他的爸爸决定把他接回家。

习惯了石匠家粗陋然而简朴又贴近自然的农舍，小米开朗基罗反而不能适应自己的家了，他几乎带着些莫名的委屈四处张望着，一副孤单无助的样子，对于家中的一切都很陌生，到处叫着巴巴拉妈妈的名字。

这使一直盼着儿子回来的佛朗切斯卡夫人非常失望。而且本来以为过一段时间就会好些，可是一直都不见好转。最终，夫妇俩只好决定把儿子再送回塞提南诺的托马左家去。

重新回到石匠家中，小米开朗基罗却像放出笼的小鸟一样，又可以自由自在地飞了。

在这里，他几乎每一天都能得到一份只有像他这么大的小孩子才能体验到的惊喜。

有一天，托马左爸爸给他和朱里奥带回来一些小石头，这下可把两个孩子乐坏了。平常，他们总是羡慕地看着大人们把石头磨成各式各样的好玩艺儿，这回他们终于有了属于自己的石子，可以尽情地玩他们一直想玩的游戏了。

他们欢蹦乱跳地，计划着要用这些石头搭成一座小房子，他们一边忙碌着，嘴里还念念有词地嘟囔着：

"我们要把房子盖得像佛罗伦萨的那样。"

半天工夫，房子就盖好了。两个小伙伴兴高采烈地向大家炫耀了一番，先是拽来一些小朋友，后来还请来大人们瞧。虽然觉得挺满意，但是最后还是拆掉了，因为他们又想出了新点子。

只见他们在这些小石子中又重新选了一些，把它们一个一个地磨成圆球，再用它们围成圆圈，而后又打散。两个人比赛，看谁击中的最多。就这样，两个孩子玩得津津有味，还会继续不停地想出许多新花样儿。这些石子足够他们玩上好几天。

等再长大些，他们就不再仅仅满足于玩这些石子了。山里的大孩子们常常聚集在山岩上，在鹗鸟巢里掏羽毛，把从里面飞出来的小鹦鸟捉回来，想方设法喂养它们，驯化它们。开始时，小米开朗基罗和朱里奥还只是随在后面看，但是不久也成为他们中的一员了。

日子就这样一天天过去，当米开朗基罗长到 3 岁时，父母决定无论如何，要把孩子接到家里。只是这时候的小米开朗基罗和一年前又有些不同了。除了上一次那种陌生的感觉以外，这个山中长大的孩子，与这个循规蹈矩的家简直是格格不入了。在他的父母眼中看来，他简直成了一个"野孩子"，他从来不愿意和他的哥哥一起玩儿，总是一个人偷偷爬上屋后的树上或是岩石上，好几次都险些摔下来。还有，他特别爱玩石子，可是在这个文明的家中却是绝对不允许的。这些都使米开朗基罗的父母又生气又后悔。

在米开朗基罗之后，他的妈妈又生了两个儿子：朋那洛托和乔万西蒙。吸取了上一次的教训，佛朗切斯卡夫人坚决把孩子留在自己身边，而不到山中请奶妈喂养。这样，家里虽然会吵闹些，这两个孩子也不会像米开朗基罗长得那样健壮，但是，至少他们不会像他一样一身野性。

米开朗基罗 6 岁的那一年，已经是四个孩子妈妈的佛朗切斯卡夫人又怀孕了，这次她的身体比以往更加虚弱。当她生下第五个儿子西吉斯蒙以后，还没来得及好好看看自己的孩子们，就永远离开了人世……

就在佛朗切斯卡夫人快要离开人世那会儿，家中的老女仆乌苏拉四处找米开朗基罗，找了好半天，最后才在花园里看到了他。只见他蹲在一堵荒僻的墙垛旁，手里拿着一块黑炭，聚精会神地在白石灰墙上画着各种稀奇古怪的花纹。在墙边，还摆放着各种用泥捏成的小人儿、小鸟，更多的是乌苏拉也猜不出的怪物，或是山上的精灵。他画得那么入迷，连有人走近他都一点没感觉到。

看着眼前被黑炭弄得灰头土脸的孩子，想到他竟然不知道自己的母亲已经与世长辞，这位忠诚而又善良的女仆禁不住又气又怜。她双手一拍，情不自禁地嚷道：

"啊，圣母！他母亲快要死了，这蠢孩子却在厨房里要了木炭，把自己弄成这副让人笑掉大牙的模样！真是丢人！"说着，她伸手拉起孩子，"走，我给你洗干净，你好去吻吻你那快进天堂的母亲的手……"

米开朗基罗似乎还没从自己的小天地中回过神来，就被莫名其妙地领到了母亲身边。6岁的小米开朗基罗恐怕还根本不知道"死"到底是怎么一回事，就永远失去了自己的母亲。

母亲的早逝，在米开朗基罗幼小的心灵中，不自觉地留下一个鲜明的印迹——所有的母亲都一定是年轻而又漂亮的。因为米开朗基罗的母亲去世时还很年轻，虽然多年体弱多病，常常面色苍白，但仍然很美丽。

接下来的日子里，米开朗基罗每天见到的都是流着眼泪的人们，听到的是人们的叹息声，还有教堂里的赞美歌……家里的事情是那么多，谁也没有时间去管米开朗基罗他们兄弟几个。

开始时，米开朗基罗还很想找人问清楚，所有这些事情究竟是怎么回事，可是大家都没空儿理他。他也无法自己想清楚，失去了母亲，对于他将会带来些什么样的影响。

他倒是发现大家都忙碌着，没有人成天管着他，不让他干这干那，他可以随便地用木炭在墙壁和篱笆上画画了。

渐渐地，绘画和雕塑已经成为米开朗基罗的一种狂热的爱好，任何劝告、任何命令也无法把他从这件事情上拉开了。

给自己添点颜色

为妈妈下葬后不久，父亲就带着米开朗基罗他们兄弟几个，离开了卡普莱斯镇，迁到了佛罗伦萨。转眼大儿子利奥那多到了上学的年龄，米开朗基罗离上学的日子也不远了。

小米开朗基罗常常固执得令人捉摸不透，他喜欢到处胡写乱画的习惯令洛多维哥忍无可忍。可是，洛多维哥和他死去的夫人都一直对这个儿子寄予了很大的希望，认为他不是一个一般的孩子。

佛朗切斯夫人活着的时候，两人就曾经这样地谈论过他们的儿子：

"你看米开朗基罗那双眼睛，那里有一种尊严。我想，他将来一定会很有出息的。他不像他的哥哥那样爱说空话，也不像朋那洛托那样调皮、任性……他简直像一个大人物那样，从不多言多语。"

"我也常常这样想，我们这个儿子也许会成为全佛罗伦萨都尊敬的大人物。他很可能会是我们家族的骄傲和荣誉。"父亲得意地说。

可就是这个"大人物"，如今却总是满身被木炭和颜料弄得脏兮兮的。

一次，洛多维哥请来油漆匠粉刷屋面，这可乐坏了米开朗基罗。从小在山中的石匠家里长大，米开朗基罗对于石匠的工作已经很熟悉，可是油漆匠们干的活他还是第一回看到。他忙着在他们四周跑来跑去，不愿错过一个环节。他看见油漆匠们用各种颜色的涂料，一会儿就把一面墙装扮得非常漂亮，他觉得奇妙极了。

小米开朗基罗越看心里越痒痒，趁着油漆匠转身的工夫，他马上走上前去，从油漆桶里拿出一把板刷。不知怎样一种心思作怪，他竟然躲到一边，用油漆将自己浑身上下涂得一塌糊涂。

赶得不巧，刚刚"打扮"完的米开朗基罗正要跑去向伙伴们炫耀，却一头撞见了他的父亲。他的样子立时令父亲勃然大怒，他发疯似的冲着孩子喊道：

"把刷子扔掉！不然，我就要把你撵出家门！乌苏拉，快去给他洗干净！别让我再看到他手中有木炭和任何颜色！"

米开朗基罗觉得很委屈，心中暗想："我只不过是想给自己添点颜色。"可是看见父亲那大怒的样子，他也不敢言语，只得乖乖地随着乌苏拉走开，在他的身后，父亲仍在怒斥着。

看着儿子走远，洛多维哥的怒气仍然消不了。

"难道命中注定，这孩子要成为一个画家？"他心中暗自思量着。

在当时，画家是执政官阶层瞧不起的职业。洛多维哥从来没有想过，他的儿子将来要成为一名画家，他一直希望他这有出息的儿子今后在佛罗伦萨担当一个重要的职务。

"应该尽快地把他送到他哥哥的那所学校，也许那里的老师会把米开朗基罗这身愚蠢和疯癫之气去掉。"就这样，父亲暗暗做了决定。

洛多维哥向来说到做到，很快，小米开朗基罗被提前送进了学校。

同当时大多数的学校一样，这所学校管理非常严格。在这里，从一开始，学生就要学会用拉丁文读书，而且还要会拼写。在当时，这是每一位受过高等教育的青年的标志。

在这种学校里，孩子们常常因为调皮，或者在课堂上犯了小错误，就会受到教鞭的惩罚。

米开朗基罗一直渴望自由自在，所以进入这所学校的第一天，他就浑身上下不自在。他讨厌他的学校，尤其是他的拉丁文老师佛朗切斯科先生。他总是让他们背没完没了的拉丁文变格变位；还动不动就举起他的教鞭，教训不听话的学生；他还常常向学生家长告上一状。这些都给年幼的米开朗基罗一种巨大的压力。

惩　罚

每天早上，乌苏拉都要照顾米开朗基罗两兄弟上学，在他们的书包里装上写字板和早饭。

米开朗基罗的哥哥利奥那多是个规矩的学生，总是背着收拾好的书包，匆匆忙忙地提前离开家。而米开朗基罗却每天都找出些理由，磨蹭着晚些走。一来他不喜欢早到学校，还因为他和哥哥的兴趣常常不一样，他宁愿独自走这段路，好在路上为自己找些乐趣。为了让米开朗基罗早些离开家门，好心的乌苏拉几乎天天早晨都重复着同一句话：

"咳，米开朗基罗，看来你又要迟到了，又要受佛朗切斯科先生的罚了！难道你身上青一块、紫一块的伤还不够吗？快去！快去！还东张西望什么？"

米开朗基罗每天却总是到了最后时刻，才会想到真的要迟到了，随后也就想到恐怕又要受罚；直到这时，他才会拎起书包，撒腿就跑，常常引得邻居们哈哈大笑：

"呀，瞧这调皮鬼，肯定又要迟到了！"

一个晴朗的早晨，和往天一样，知道要迟到的米开朗基罗又像箭一样飞过街头。转过街角就来到了城市广场上，他忽然发现了什么似的，在这里一动不动地站住了。

这是他每天上学的必经之路，无论多着急，他都要在这停留片刻，定睛看看那建筑物墙上富丽堂皇的装饰，哪怕看上一眼，也会使他的心情愉快大半天。

可是今天，米开朗基罗感觉这里和平常好像又有些不同。不知怎么的，他觉得壁龛里那尊白色的大理石圣母雕像，好像慢慢活了起来，她的目光就落在自己身上，充满了慈爱。小米开朗基罗几乎被这情景惊呆了，他目不转睛地看着，接着感到圣母的嘴巴张开了，还微微地颤动着，好像正在对他说些什么，而她那双手，竟然一点点地举起来了……

小米开朗基罗只觉得心怦怦直跳，脸上也在发烫，一双脚不由自主地踏上了教堂的台阶，随手把书包扔在了一旁。就在他跨过门槛的那一瞬间，他几乎禁不住惊呼起来。近在他眼前的是无数美丽无比的大理石雕像，他觉得自己简直就是步入了神仙的王国。

他轻轻地走到其中一个雕像前面跪下来，非常虔诚地凝视着她，他好像听到这尊雕塑正在用极其轻柔的语气说起话来。她安慰他，鼓励他……还向他微笑着，此刻的米开朗基罗只觉得一身轻松，心中充满了愉悦和激情。

就在他陶醉在这种情绪中时，忽然听到头顶上响起了一位老人的笑声，几乎把他吓了一跳，也把他从如梦如痴的状态中唤醒了，他这才知道，刚才的一切都只是一种幻觉。

只听那老人说：

"小孩子，祷告归祷告，可为什么把书包扔在教堂台阶上？难道你打算就这样到学校去？看我拿到了什么？快拿去吧！"

米开朗基罗回头一瞧，原来是教堂的看门人，再看看老人手中，提着的正是刚刚被自己扔下的可怜的书包。他感到非常不好意思，一时间也不知说什么好，只是低着头，从老人手中接过书包，缓缓地走出了教堂。

他一路向学校走去，心中却始终忘不了刚才看到的神奇的殿堂，尤其是那圣女的微笑。

可是当他敲门走进教室时，一切却不那么美妙了。

佛朗切斯科先生看到走进来的是米开朗基罗，他中断了学生们的齐声背诵，一边走向米开朗基罗，一边指了指窗户，厉声说道：

"来了，你这懒鬼，快看看，太阳多高了！人家都已经开始上课了，你却在街里闲逛！"他一边说，一边顺手拿过米开朗基罗肩上的书包，把里面的东西当着大家的面翻出来，边翻边说："我倒要看看，你整天都学些什么……"说到这儿，他忽然停下了，满脸带着怒气，把手里的小石板举给大家看，"你们看看，他竟然在写作的小石板上画了几个鬼脸！有一个还拿着教鞭！"

说到这儿，佛朗切斯科先生好像忽然反应过来，这拿着教鞭的不正是他的漫画吗？于是又气又恼，脸色大变，愤怒地瞅着面前的米开朗基罗，高声说：

"你这个坏小子，你一点儿也不像你的哥哥，他在品行上、功课上都是模范学生；而你却画出鬼脸来嘲笑自己的老师，你等着，这次我一定要给你点颜色看看！"

吵嚷了一通，先生的气似乎消了些。下面坐着的学生们都被刚才的场面吓坏了，一个个直挺挺地坐在长板凳上，大气也不敢喘，定定地看着讲台前的佛朗切斯科先生和米开朗基罗。有几个胆大的学生试着伸长脖子，看看那块石板上究竟画着什么样的漫画，特别是画佛朗切斯科先生的那幅。因为，米开朗基罗在绘画这方面的本事，是同学们有目共睹的。也有曾经有幸见过米开朗基罗那幅"杰作"的，想到他画得那惟妙惟肖的样子，就竭力忍着笑，把脸藏在写着拉丁语动词的写字石板后面。

这时，只听佛朗切斯科先生接着冲米开朗基罗说：

"跪下！现在我要你尝尝棍子的味道！"

一边说着，他手中的教鞭已经打在了米开朗基罗的身上。只见他咬紧牙关，一声也没吭，好像一尊石像。

出了一顿气，先生停下来，气势汹汹地说：

"放学后你留下一个钟头，我今天非要把一切都告诉你的父亲不可！"

小米开朗基罗没精打采地回到自己的座位上。佛朗切斯科先生又开始接着往下讲课。尽管米开朗基罗努力想集中精神，可是他觉得那些繁多难懂的拉丁语词尾，它们繁琐的变格、变位，对于他来说简直像天书一样。他的思绪总是不知不觉地飞到那些美丽的大理石像上去。

按照老师的说法，放学后，同学们都纷纷回家时，受罚的米开朗基罗还要在学校里留一小时。佛朗切斯科先生却走出校门，去找米开朗基罗的父亲。

米开朗基罗一进家门，就看到父亲满脸怒容地迎在门口，眼中跳动着愤怒的火花，双手紧握着拳头。一见儿子，就像打雷似的吼道：

"告诉你，米开朗基罗！你这懒鬼！我的忍耐已经到了极点了！你不听话，我会用棍子治治你！看看你干的好事，不学拉丁文，迟到，乱画墙壁，还竟敢嘲笑、羞辱你的老师！"

佛朗切斯科先生站在父亲身边，直到这会儿，他仍在一个劲儿地说：

"如果你不好好管教你的孩子，我只有把他赶出学校！"

"跪下！"父亲一边听着老师的话，一边命令儿子。

小米开朗基罗一动不动地站在原地，嘴紧闭着，倔强地迎着父亲严厉的目光看过去，无声地反抗着。这样对他进行侮辱，显然损伤了孩子的自尊。米开朗基罗认为，今天在学校里，他已经为他的错误受了惩罚。而现在，在他的家里，当着全家人的面，他还要重新受侮辱……这样对他是不公平的！

看见儿子这副样子，父亲停顿了片刻，显得有些犹豫。最后还是再次下了同样的命令：

"跪下！你难道没听见我在说吗？"

这次孩子没再抵抗，跪在了父亲面前。但当父亲的棍子打到他的脊背上时，围观的兄弟们发出了一阵笑声。米开朗基罗终于压不住自己的怒气，他一下子跳了起来，面色惨白，全身发抖，大声地喊道：

"你们究竟要干什么？！"

在场的所有人全被这声呼喊镇住了，大家都怔怔地站在那里，包括佛朗切斯科先生。父亲手中的棍子也滑落到地上。

其实，在那个时候，打骂孩子是大多数家庭中常见的事。但是，令米开朗基罗不能忍受的是，他常常要忍受比别的孩子更多、更经常的打骂，又往往因为一些他觉得莫名其妙的理由。

就像今天，他就无论如何想不清，他哪里犯了那么大的罪过。难道因为他在上学路上路过百合花塑像广场，而后又不由自主地进了教堂，看了一些美丽塑像，这难道就错了？可那是多么迷人、多么美妙的世界啊！还有，难道他看到什么就不由自主地随手画下来，这也错了？

当然，米开朗基罗很快地意识到大家都在静静地看着他，于是费了很大的力气，努力克制住自己，重新跪在父亲的面前。

"对不起，父亲。"孩子显得无限委屈地说，"但我没有错，真的，我没错！可是，我答应你，以后好好学拉丁文，我不再迟到，不再画佛朗切斯科先生……"说到这，他的声音已经有些哽咽，嘴里仍在喃喃地说着些什么，谁也听不清。

米开朗基罗在说这番话时低垂着头，大家都看得出，他在努力不让别人看出他有多伤心，可是大家都清楚地感觉到了。父亲没有再捡刚才掉在地上的棍子，兄弟们都悄悄地回到自己的房间，佛朗切斯科先生也好像做错了事似的，静静地和一家人告辞而去。

米开朗基罗毕竟还是个小孩子，很快就忘了受罚的事，但是就在这一天，他在自己的心中默默地扎下另一个念头：

"一定要把今天在广场和教堂里看见的那些塑像画下来。"

认识了一位大朋友

自从那次受罚以后，米开朗基罗在学校的表现确实有了一些改变。他开始强迫自己学些拉丁语，至少可以应付老师的课堂提问和考试。他也不再画佛朗切斯科先生的漫画。只是按时到校这一点，对于他来讲，仍就是个大问题。

虽然他可以做到比从前提前些离开家门，两条腿也跑得飞快，但却每天都免不了在路上看见什么新玩艺儿，要他忍耐住不四处张望，那简直是不可能的。而且，自从那天早晨以后，他只要有机会，就要在百合花塑像广场站一会儿，还常常忍不住走进教堂里，对着那一尊尊大理石塑像仔细观赏，琢磨着怎么才能把它们画下来。这样一来，他迟到的时候仍然很多。只是佛朗切斯科先生自那次以后，却不再像原来那样严厉地批评他，也没再用棍子打他。

那段日子里，没人来打扰米开朗基罗，他就又开始疯狂地画画。他已经不满足每天都走一条老路去上学。在他看来，如果像那样，几乎可以背熟路上的每一块小石子，甚至墙上的每一处坑坑洼洼他都记得一清二楚，那实在太乏味。于是，他就每天绞尽脑汁，尽可能换另一条路走。正是因为这样，他见到了许多他所感兴趣的东西，脑海里装满了各色各样的形象，人的形象，树的形象，鸟的形象，更多的还是那些雕塑的形象……

只要一有时间，他就伏下身子，找一个合适的地方，一件一件地，把他每天装在脑子里的形象用他的笔画出来。就这样，那些大理石或青铜造的雕塑，还有教堂和修道院到处都有的绘画，甚至许多瑰丽的建筑物，这些都被米开朗基罗的画笔搬到石头上，篱笆上，还有陈旧的木板上。

一天早上，他像往常一样，正东张西望地走在上学路上，忽然在离桥不远的河边停下来，注意到近旁墙上的壁龛，里面有一尊大理石塑像。就在这时，他无意中感到有人正站在他附近注视着他。

米开朗基罗抬起头来看，只见一个十七八岁的年轻人，他穿着一件被颜料弄脏了的短上衣，两只手揣在短到膝盖的裤子口袋里。米开朗基罗从没见过这个人，但也许是被他这身打扮吸引了，米开朗基罗觉得和他有一种一见如故的感觉。

"你站在这里看什么？"这时，那个年轻人大大咧咧地笑着问。

年幼的米开朗基罗还不善于和陌生人打交道，不知该如何回答，愣在那里没吭声。

那青年调皮地眨了眨眼睛，接着说：

"也许，你也想用颜色涂抹点什么，叮叮当当用锤子刻点什么，或者把石头雕成像，是不是？平常你总看见人家做这些，自己也总想试试，对不对？"

见这陌生人一下就猜透了自己的心思，米开朗基罗有点儿不高兴，小声嘟囔着：

"如果我不想搞那个呢？"

"你就别像乌鸦一样唱高调了！我好几次在上学路上看到你，你总是东张西望，可又不像别的小孩子，只顾瞅着街头小贩的好吃的。你的眼睛总盯着各式各样的雕像或壁画，不过，你知道壁画是怎样完成的吗？"

"不知道。"米开朗基罗瓮声瓮气地回答道，似乎为自己的无知感到有些不好意思。但很快他又抬头看着这位主动与他攀谈的大哥哥，用眼神请求他回答刚才提出的问题。

"壁画不像别的画，它是在抹墙灰还没干的时候，直接涂上颜色，等墙灰干了，壁画也就成了。"

这个陌生人显出博学的样子解释道，说完又很有些得意地笑了笑。

可是，米开朗基罗却没对他的回答做出什么大的反应。相反，他感到有些失望，因为他想知道的还要多得多，这两句简单的解释，显然不能令他满足。

那个年轻人却似乎并没留意到这一点，停了停，又滔滔不绝地说开了：

"我发现你看雕像总那么专注入迷……好几次，我叫你，你都没理睬。可是你走路时，又好像总是念念有词地背诵着什么，一定是学校里的功课吧。我想你准是怕老师罚你，才会去费气力记那些其实你并不感兴趣的东西。说实话，我真觉得你可怜，你看我，在画家画室里工作，帮助师傅研磨颜料。有时候，还可以自己在师傅的画上画点什么，或者是学点泥塑，将来好会用大理石雕出神奇的形象来……"陌生人不停地讲着，好像对这位素不相识的小弟弟有讲不完的话题。

他说这番话时，米开朗基罗没有显出一丝不耐烦，始终聚精会神地看着他，脸上流露出无穷的羡慕。毕竟，这人所提到的这些东西，对小米开朗基罗来说，简直是闻所未闻的。

"你可真是个幸运儿！"米开朗基罗情不自禁地说，"这些，正是我所需要的！"

米开朗基罗说到这儿，羡慕地看了看小伙子：一双明亮机灵的蓝眼睛，一头柔滑的卷发，在他充满激情的脸上，微微飘拂着。米开朗基罗暗想，一定是他所从事的职业使他看上去这么漂亮。

这时，对方又接着说：

"我知道，这些一定是你想要的，但是你应该明白，不是每个人，都会取得成功。比如在我们画室里，大家都是一样的学徒，有的人已经很快地学会了涂基本色调，而有的人却连研磨颜料都不会。大理石雕塑也是如此，有人可以立刻就把大理石分解开来，并且懂得什么样的石头适合做什么用，而有的人，却一窍不通，乱凿一气。"

青年人越说越起劲，容不得米开朗基罗插话。一时热情迸发，他洋洋得意地说：

"我是著名大师多门尼哥·吉尔兰岱约的学生，我叫佛朗切斯科·格兰那齐——这名字还不坏吧。将来，我会让这名字像我老师的一样响亮！"

米开朗基罗见这位大朋友已经介绍了他的姓名，赶忙也插空介绍了自己。

"我叫米开朗基罗·朋那洛蒂。我家离佛罗伦萨不远。可惜，我在那里还没听说过吉尔兰岱约先生。"说到这儿，他又试探性地接着说，"但是，我很想看看人们是怎样画画，又怎样雕塑的。如果你能带我看看你们老师的画室，我会非常感激你的。"

说完这番话，米开朗基罗几乎是屏着呼吸等待格兰那齐的回答。这次能不能被带进吉尔兰岱约的画室，对于这个目前仍无人引路的"小画家"来说，实在太重要

了。除了能满足他好多的好奇心以外，12岁的米开朗基罗本能地感觉，这也许会是他人生的一次转折点，他好像第一次朦朦胧胧地看到了自己的方向。

"好的。"看他那紧张的样子，格兰那齐连忙痛快地答应道，"改天我找个合适的机会，一定带你去画室，见见我的师傅。"

米开朗基罗为了格兰那齐的允诺，整整一天都无法使自己平静下来，弄得同学们都有些莫名其妙。

可是话是那么说，真要带米开朗基罗去吉尔兰岱约的画室，却并不是一件容易事。格兰那齐的许诺总是为着这样那样的原因耽搁下来。但一来二去的，两人就成了亲密无间的好朋友。米开朗基罗除了从格兰那齐那里听到很多他所感兴趣的新鲜事，还另有一项意外的收获：格兰那齐常常从画室里弄出些绘画材料和印刷品，送给米开朗基罗，这显然对他的绘画有很大帮助。

吉尔兰岱约的画室

　　13 岁生日那天，米开朗基罗得到了意外的惊喜。在吉尔兰岱约的画室里，他不久就把手艺"偷"到了手。可是，他仍然觉得雕刻才是最高的艺术。

13 岁生日的礼物

日子过得可真快，转眼米开朗基罗就已经 13 岁了。就在他生日那天，米开朗基罗一个人静静地坐在二楼寝室里的一面镜子前，他要送给自己一份独特的礼物——一张自画像。

他一边仔细端详着镜中自己的这张脸，一边动笔画着素描：瘦削的面颊，平整宽阔的额头，高高的颧骨，一头深色的卷发，眼睛是琥珀色的，大而朦胧。

"我的头不怎么成比例？"他想到这一点，显然有些不高兴，微微皱起了眉头。"我的前额伸出在嘴唇和下巴的前面。要是能用个铅垂线吊一吊，修改修改就好了。"

用了不大会儿工夫，轮廓就画好了。他在椅子上挪了挪身子，拿了支蜡笔，又开始一边想着，一边巧妙地做了些修改，把面孔加宽了一点，嘴唇也画得丰满了些。

就这样，米开朗基罗完成了他的自画像。因为做了些修改，所以比他本来的样子更漂亮些。他得意地看着这张画像，心中暗想：我要是长成这样多好啊！真可惜，为什么人的面孔不能像大理石雕像那样，在交货之前先加加工，至少让自己觉得满意呢？

这时候，他听到窗外有人喊他。米开朗基罗一听就知道，一定是格兰那齐。他快速把刚完成的画藏在自己床下，小跑着来到楼下，格兰那齐知道今天是他的生日，好几天前就神秘兮兮地告诉他，一定会给他一个意外的惊喜，究竟会是什么呢？米开朗基罗一路想着，已经来到格兰那齐面前。

格兰那齐笑着站在那里，见了米开朗基罗，忽然拉起他的手就跑。米开朗基罗只是情不自禁地随着他，也没想着问一问究竟是怎么回事。跑了一段路，米开朗基罗忽然恍然大悟，连忙停下来，喘着粗气，瞪大了眼睛问道：

"难道你是要带我去画室？"

格兰那齐也不回答，只是笑着，接着说：

"你可别忘了我告诉你的话，在我们老师吉尔兰岱约面前，一定要尽量表现得谦虚些。"

一听这话，米开朗基罗几乎高兴得说不出话来，脸都涨红了，他一个劲儿地点着头说："是的，我知道，我知道。"说着，拽起朋友的手，像小鸟儿似的朝画室跑去。

两人来到画室门口，米开朗基罗随在格兰那齐后面，有些胆怯地跨进了画室的门槛。里面挺安静，大家都埋头忙着手里的活，没有人注意到他们走进来。于是，米开朗基罗静静地打量起这间大房子来。

房子的天花板很高，屋里有一股米开朗基罗非常喜欢的颜料和木炭味。屋子正中有一张木桌，围着桌子的是供学徒们坐的一圈椅子。屋角有一个人在乳钵里磨颜料。沿着墙壁，摆满了壁画的设计和素描稿。

在一个高出地面的台上，坐着一位四十岁左右的人，格兰那齐小声告诉他，那就是吉尔兰岱约先生。

只见吉尔兰岱约面前摆着一张宽大的书桌，上面的物品摆放得井井有条，鹅毛笔、画笔、速写本依次排列着，身后墙上的挂钩上还挂着各种工具，多数都是小米开朗基罗叫不出名的。

米开朗基罗呆呆地站在那儿，双眼贪婪地看着大师和他的学生们，还有那些刚刚开始和完成了一半的作品。对于他来说，这儿的一切都是神圣的——甚至地上的石板。

他正看得入了神，大概是他们走动的声音惊扰了吉尔兰岱约，只见他转过身来。

米开朗基罗觉得这人很惹人喜欢。他的背微微有点驼，眼睛里却闪烁着光彩，富有活力。米开朗基罗感到自己被这双眼睛盯住了。而他也同时在心里替坐在他前面的艺术家画了一张速写：敏感的面孔，丰满的嘴唇，突出的颧骨，黑色的长发和细长而灵巧的手指。

这时，格兰那齐在他师傅的书桌前站住了。

"吉尔兰岱约先生，这就是我跟你谈到过的米开朗基罗。"

"嗯，"先生应了一声，接着开门见山地问，"那么你的爸爸是谁？"

"洛多维哥·第·利奥那多·朋那洛蒂——西蒙

尼。"米开朗基罗一字一句地回答道。

"这名字我原来听说过。你现在多大了？"

"13 岁。"

"我们的学徒都是从 10 岁开始的。你那三年在哪里？"

"在学校白费时间，学拉丁文和希腊文。"

吉尔兰岱约看来很满意这个回答，只见他的嘴角微微颤动了一下，而后问：

"你能画画吗？"

"他的手挺巧的，我在他爸爸家的墙壁上见过他的画。"格兰那齐站在一边，一直急于推荐自己的朋友，于是抢先说。

"啊！是个壁画家。"吉尔兰岱约开玩笑地说。

小米开朗基罗此刻却是认真对待这位老师的每一句话，一本正经地纠正道：

"不，彩色画我还没试过，我是个外行。"

"不管你缺少什么，虚心倒是不缺。"这句话显然又中了师傅的心思，他一边微微点头，一边说，"好吧，你给我画个素描看看，怎么样？"

听了这话，米开朗基罗在原地四周环视了一下这间画室，把印象全部收进眼底，好像一个小孩子在秋天酿酒的季节，把一大串葡萄塞在嘴里。

"我就画这间画室吧。"他说着，抬头看了看吉尔兰岱约先生，想要听听他的意见。

"格兰那齐，把纸和木炭给朋那洛蒂。"听了这声命令，格兰那齐连忙应着，取来必需的备品，心中不禁为他的朋友捏了一把汗。

米开朗基罗在一张长凳上坐下，画了起来。刚才他在回答吉尔兰岱约先生的问题时，还有些紧张；可是，当他拿起画笔的那一瞬，米开朗基罗就如鱼得水，手和眼谐调地配合着。

画了一会儿，他感觉有人从肩上探过身子来，回头看，正是吉尔兰岱约。

"我还没画好呢。"他显得有些不好意思地说。

"可以了，"先生仔细地看了看画，"格兰那齐说得对，你的拳头很有力。"

听吉尔兰岱约先生这样一说，米开朗基罗情不自禁地把手举起来。

"这是一双石匠的手。"他有几分自豪地回答。

"石匠，我们这里暂时不需要，但我可以让你跟我学徒，只是第一年你得给我 6 个弗洛林。"

"可是我一个钱也给不起呀！"提到要交钱，米开朗基罗显得有些着急了。

吉尔兰岱约对此显然有些不明白，盯着他问：

"朋那洛蒂家并不穷，既然你爸爸想让你学……"

话还没说完，孩子非常委屈地解释道：

"我每回只要谈起画画，爸爸就会打我。"

"如果你告诉他，是我收你做徒弟，他还会打你吗？"

吉尔兰岱约这样自信是有道理的。他是当地有名的画家，很受人们的尊敬，包括上层社会的许多人。他的画室是意大利最兴旺，也最有成就的。他和他兄弟都是他爸爸培养出来的，后来都做了画家。他爸爸是个出色的金匠，非常擅长打造一种金色花环，当时佛罗伦萨时髦的妇女都喜欢把他打的花环带在头上，后来人们就干脆把那种金花环叫做"吉尔兰岱约"。

"如果你第一年给我父亲6个弗洛林，第二年给他8个弗洛林，第三年给他10个弗洛林的话，我也许就不会挨打了。"米开朗基罗声音不大地说。

他的话把先生弄得哭笑不得，"可是哪儿会有那样的好事呢？"他说。

"要不然，我就不能到你这里来工作了。"

吉尔兰岱约看着面前这孩子，他这会儿抬眼看着自己，好像在告诉他："我是值你这几个钱的。"

那一刻，他觉得这个酷爱艺术的孩子，是那样的无助而又可怜。

也许是爱怜这孩子，也许是由衷地赞赏他的才气，认为他真正是个可塑之材，吉尔兰岱约犹豫了一下，对米开朗基罗说了一句简短的话，可是，大家都知道这话的分量：

"好吧，明天等着我，我去拜访你的父亲。"

先生说完，转过身，又忙自己的事去了。格兰那齐拉起米开朗基罗的手往外走。到了门口，他终于抑制不住心中的喜悦，对自己的朋友表示了祝贺：

"你可真了不起。打破了所有的规定，可还是进

米开朗基罗

来了。"

米开朗基罗笑了笑，他此刻自然也很高兴。但是他知道，通过爸爸这一关，绝不是容易的事，所以，隐隐地，仍是有几分担心。

无奈的父亲

第二天，米开朗基罗起了个大早。他悄悄地朝父亲的书房探头看去，只见父亲正躬着身子，坐在他的羊皮纸账簿面前。多少年来，父亲就乐此不疲地从事这项工作——设法保留朋那洛蒂家遗留下来的财产。

洛多维哥听见他的儿子走进来，抬起了头，捻了捻他那两撇浓密的八字胡。他的头发已经灰白，前额上有四道深深的皱纹，他褐色的眼睛里似乎总是充满忧郁。

米开朗基罗总有些害怕自己的父亲。尤其是母亲去世后，爸爸就很多时候都把自己关在书房里，常常满脸严肃，闷闷不乐的。

"早上好，父亲！"孩子走到父亲面前说，"爸爸，昨天我到吉尔兰岱约的画室里去了。他答应收我作学徒。"鼓足勇气说到这儿，他怯生生地看着自己的父亲，又补充道，"他说今天要来拜访你"。

米开朗基罗虽然早知道父亲一定会反对这件事，但是却没想到他的反应会这样强烈。只见洛多维哥此时站起身，怒气冲冲地看着孩子。他感觉，儿子这种莫名其妙地想当工匠的念头，简直是丢了洛多维哥家族的脸。

"米开朗基罗，我把你送进一个需要花很多钱的学校，是希望你今后能去好好工作，有朝一日成为一个富商。佛罗伦萨的大多数家庭都是这样开始的，连美迪齐家也不例外。"愤怒的父亲说到这里，顿了顿，但似乎仍不能平息自己的火气，接着又说，"告诉你吧，我是不会让你浪费时间去当一个画家的，这会玷污我家的名声！三百年来，朋那洛蒂家的人还从来没有堕落到要靠手艺吃饭的！"

倔强的孩子似乎一点也没被父亲的大吼大叫吓倒，反而觉得父亲的反对毫无道理。

"我跟大家都一样，以我们的姓氏骄傲。可是我不明白，为什么我不能学一桩佛罗伦萨引为自豪的本事呢？佛罗伦萨的人不都是以同那泰罗的雕刻和吉尔兰岱约的壁画自豪吗？"

这时，洛多维哥显出几分怜爱地把手放在孩子的肩上，叫着他的小名"米开朗诺洛"。毕竟，这是他在五个孩子中最喜欢的一个，他对于米开朗基罗也一直寄予了最高的希望。

"米开朗诺洛，同那泰罗开头是个手艺匠，最终也还是一个手艺匠。吉尔兰岱约也会如此。"父亲试着平缓了自己的怒气，语重心长地说。

"可是，爸爸，要是从我身上把艺术像血一样抽空了，那我就连唾沫星子都不剩了。"

面对如此固执的儿子，父亲一时间显得无能为力。他沉默着，慢慢走进了自己的书房。

不管怎样，洛多维哥还是热情周到，而又极其殷切地接待了画家吉尔兰岱约。小米开朗基罗静静地躲在一个角落里，听他们的谈话。在他看来，这次谈话决定着自己的命运。

两人见面说了一顿客套话以后，谈话终于步入了正题。

"先生，您也许会问，我突然来访有什么事情。我到这儿来，是希望您能允许我把您的儿子——米开朗基罗培养成艺术家。我坚信，他一定会使您的英名增辉。"吉尔兰岱约客气地说。

气氛在那一刻中，忽然变得紧张起来，客厅里静得出奇。洛多维哥用手拂着前额，虽然，他此前已经知道吉尔兰岱约这次来的目的，但是，当真听到这句话时，仍然让他非常生气。

他努力使自己镇静下来，双唇紧闭，心中暗想：

"这个人到底想从这儿得到什么？他要明目张胆地把儿子抢走，把他变成一个可怜巴巴的抹颜料的下手，而不是把他造就成一个学者，一个达官贵人，或是一个军官。"

想到这里，他觉得还是把米开朗基罗叫来，让他自己再认真做出一个抉择。于是，洛多维哥站起身，走到门口，喊道：

"米开朗基罗，我的儿子，到这里来一下！"

很快，米开朗基罗已经站在门边了。他带着几分警觉而又不屈的神气站在那里，只听到父亲发问了：

"我的孩子，我劝你要想清楚，你是不是真的就想做个手艺人，做这位先生的仆人，任意叫你做这样那样的事，甚至打你？"

本来以为，这样一番话，足以令一个13岁的小孩子回心转意，至少也会让他怀疑自己的选择。可是，出乎父亲意料，米开朗基罗几乎是毫不犹豫地说：

"是的，我愿意，父亲。"

这对于父亲和儿子来讲，恐怕都是决定性的一刻。洛多维哥在听了儿子的回答后，很清楚，没有什么能改变米开朗基罗此刻的决定。作为孩子的父亲，他了解自己的儿子，现在无论怎样劝说，其实都无济于事。他此时所能做的就是在一张合同的条文上签上他的名字。

而米开朗基罗也就从这一天起，如愿以偿地成为吉尔兰岱约的学徒。

赢家输了一顿饭

学徒的生活在很多方面，比在家里要艰苦得多。在这里，许多学生挤在一张大通铺上，而且，平日里，只要吉尔兰岱约叫一声，就要即时赶到。

开始的时候，米开朗基罗也有些不自在，但是，更多的时候，米开朗基罗都感到在这里的生活很快乐。最重要的是，他发现与从前独自摸索的日子相比，在吉尔兰岱约的画室里，能学到好多东西。

在他们画室墙头的一块木板上，有这样一段话：

"造化是你最完美的导师。坚持不懈，每天都要画出一点东西来。"

这些教诲，对于小米开朗基罗来说，都是新鲜的。他用心琢磨着这些话，同时，默不作声地向周围每个人学习。

吉尔兰岱约的画室里，专管学徒的是门那第。米开朗基罗来了没几天，门那第把他叫到一边，对他说：

"画画的目的，就是为了装饰。要把故事画得活灵活现，让大家看了都高兴；是的，包括圣徒殉难的画面也都是这样。只要记住这一点，米开朗基罗，慢慢你就会成为一名成功的画家。"

米开朗基罗刚来画室的那段日子，吉尔兰岱约正在给托那朋尼唱诗班作壁画，由他自己来画那些比较显眼，或者是那些有重要意义的形象。而其他的护墙板的主要部分都是由他的那些高徒门那第、本尼德托、格兰那齐，他们这些人来作。最年轻的学徒们，就在他的指导下，画一些不惹人注意的半圆壁。

米开朗基罗最开始所做的工作，往往就是到商店去取取颜料，筛筛沙子，然后放在桶里，再用自来水冲洗。

日子就这样一天天过去，很快，就到了他领第一次工资的时候。米开朗基罗在来画室的第一天，就在心中默默盼望着这一时刻。

那天早晨，天还没亮，米开朗基罗就醒了，躺在那里，翻来覆去睡不着。想自己真的要拿到工钱，几乎觉得是不可思议的。好容易挨到天亮，他起床，匆匆忙忙赶到工作室。

吉尔兰岱约正在画《圣约翰为新入教者施洗》的草图，好像是被什么地方难住了。他皱着眉头，坐在那里，显得有些烦躁。见到米开朗基罗进来，他抬头看了一眼，有些漠然地问了声"早上好"，又接着忙自己的事去了。

见这情形，小米开朗基罗可有些急了，心中暗自揣度着：

"他会不会忘了今天是什么日子？要不就是他对我这段的工作不满意，所以要扣发我的工钱？"

过了一会儿，学徒们陆陆续续都来了。一向善解人意的格兰那齐看到朋友那副坐立不安的样子，猜出了他的心思。于是，他走到画室管账的大卫身边，在他耳边轻轻嘀咕了几句。

只见大卫冲着米开朗基罗那边会心地笑笑，伸手从挂在腰间的皮口袋里取出了2个弗洛林和合同书，递给米开朗基罗。

米开朗基罗接过了钱，又在合同上签了名，心中一块石头这才落地；再设想着把钱拿回家的情形，心中更是美滋滋的。

　　这时，他注意到，在画室的一个角落里，同学们正热火朝天地议论着什么。其中喊得最响的是学徒中的"淘气大王"雅各波：

　　"现在，咱们都来凭记忆，画出画室背后胡同墙上的守护神像，画得最准确的算赢，由他来请吃饭。好，齐埃柯、巴丁内利、格兰那齐、布佳迪尼、特德斯柯，你们都准备好了吗？"

　　本来还沉浸在欢乐中的米开朗基罗，这会儿心中忽然隐隐地有些难过。

　　"怎么又没有我的份儿？"他心中暗想。

　　自从离开了石匠托马左家，米开朗基罗的童年一直是孤独的。在家里是这样，在从前的学校里也是这样，到了这里，除了格兰那齐是他的知心朋友，对于其他人，他仍觉得格格不入。大家聚在一起时玩儿的游戏，往往都没有他的份儿。

　　"这一切都是为什么？难道只是因为我个子太矮，身体又不好吗？"小米开朗基罗总是想不通，而事实上，他当时又是那么渴望成为他们中的一员。

　　正当他想着这些事情的时候，只听那边雅各波喊道：

　　"时间限制 10 分钟。预备……"

　　这时，米开朗基罗终于忍不住开口了：

　　"我为什么不能参加比赛，雅各波？"

　　他的这句话引得大家都朝他这边看过来。而后，雅各波显出有些为难的样子，皱了皱眉头，怪声怪气地说：

"你赢不了的！"

这句话更是激怒了小米开朗基罗，他满肚子不服气地说：

"只要你准我参加，你们就会看到，我画的绝不比你们任何一个人糟糕。"

"好吧，那就让你试试！"雅各波笑了笑，答应了米开朗基罗的要求。随后，马上转过身，对大家说：

"好了，现在准备完了吧？预备——开始！"

米开朗基罗几乎为自己争取到这次机会感到兴奋了，只见他激动地抓起了木炭和纸，聚精会神地开始勾勒起他在胡同墙上看到的那个疙里疙瘩的形象来，全然不顾周围的人在怎样地看着他。

"时间到！好了，现在大家停笔，把画摆在桌子上。注意，一定要摆整齐。"

随着雅各波一声喊，大家都应声把自己的画，与别人的并排摆在桌面上。这时，雅各波凑近来，仔细端详了一下，然后忽然瞪圆了眼睛，显得很吃惊地望着米开朗基罗那幅画，大声嚷道：

"天哪！我真不敢相信。你们快看，是米开朗基罗赢了！"

一听这话，大家都凑近来，看米开朗基罗的画，一边看，还一边咂着舌头称赞着。

米开朗基罗一时间被大家的夸奖弄得飘飘然了，毕竟他是这些学徒中最年轻的一个，可是，却是他获得了这次比赛的第一，也获得了请大家吃饭的权利……

"请大家吃饭！天哪！"想到这里，他的心猛地一沉。参加比赛的一共有 7 个人，大概需要两公升酒，再加上汤、小牛肉、水果，这样一来，他刚刚揣到口袋里的钱，可就要减少近一半了。

在去酒店的路上，大家都跑在他前面，还时不时地回头看着他笑。他觉得有些奇怪。想着想着，渐渐放慢了脚步，问走在他身边的格兰那齐：

"我上当了，是吗？"

"是的，那是他们的一项新发明。可是，你要是明知道这一手，会不会胡画一气呢？"

"我想，无论如何，他们是不会失败的。"米开朗基罗朝他的朋友会心地笑了笑说。

虽然，这一天，他被同学们戏弄了，但是，米开朗基罗心里仍是挺高兴。一来，他觉得自己画的那张守护神的画确实不坏；另外，他拿到平生第一份工钱，仅仅是这些，已经足够令他做个好梦。

"我简直像一张棋盘"

在吉尔兰岱约画室的学徒生涯一天天过去，最起初的新鲜感一点点淡去后，米开朗基罗开始有些着急了。那些他以前所希望达到的目标，在这里却往往不能如他

所愿地尽早实现。

　　一天晚上，米开朗基罗和格兰那齐散步到市政大厦前的广场。赶巧，那天广场上分外热闹，很多人聚集在那里。在官邸的阳台上，土耳其苏丹派来的大使，缠着大头巾，穿着飘拂的长袍，正在向市议会赠送一头长颈鹿。米开朗基罗被这一场面吸引着，心中不禁想到："我要是能把这一场面速写下来，那有多好啊！"可是，以他现在的绘画技巧，还远远做不到。于是，他向身边的格兰那齐抱怨道："我觉得自己现在就像一张棋盘一样。"

　　他的话一时间把格兰那齐弄糊涂了，满脸疑惑地看着米开朗基罗。他接着解释说：

　　"你想，棋盘是黑格子夹着白格子，而我呢？有些东西会，还有那么多东西却一窍不通。就比方现在这个场面我就画不出来。"

　　为了这件事，米开朗基罗整个晚上都闷闷不乐。第二天他一大早就来到画室，想要认真研究一下老师的画幅。在吉尔兰岱约的桌子底下，他发现了一卷画，标签上题名《婴儿屠杀》。他把这卷画放在桌上，一张张摊开，认真地看起来。他发现，老师的这些画，既简练又有气势。看着看着，他就不由自主地拿起一支木炭，全神贯注地开始临摹。大约画了半打速写的功夫，他隐约感到身后有人在看着他，回头一瞧，正是他的老师吉尔兰岱约。

　　"谁允许你偷偷来看这卷画的？"老师严肃的语气一

下吓坏了米开朗基罗，他连忙放下手中的木炭，站起身，怯生生地说：

"我想学习。我学得越多越快，能帮你做的事情就越多。"听见他这样机智的回答，再看看那副紧张的神情，吉尔兰岱约的怒气自然也就平息了。他摸了摸米开朗基罗的头，把他领到自己的桌子前，递给他一支鹅毛笔，自己也拿了一支。

"你看，我是这样用笔的：圆圈画眼睛，尖角画鼻子，短笔尖用来画嘴巴，钩下嘴唇，像这样画……"他一边画，一边给孩子讲解着。米开朗基罗就站在旁边，瞪圆着眼睛，竖起耳朵，贪婪地听着，生怕漏掉了哪一个细节。看见老师只不过随意挥动手中的鹅毛笔，就轻而易举地勾勒出人形来，而且是那样的活灵活现，栩栩如生，孩子又是惊叹，又是羡慕。这时，他脑子里又涌出一个古怪的问题，于是，脱口问老师：

"我们为什么不试试画裸体模特儿呢?"

吉尔兰岱约一下被这十几岁的孩子问出的问题弄愣了。

"既然我们平日里所见的人物都是穿着衣服的，你为什么要学画裸体呢?"他大惑不解地问道，语气中似乎还带几分怪罪。也许那天早上吉尔兰岱约的心情挺好，也许他认为这不过是小孩子的好奇心而已，所以并没真正动气，甚至还就这个问题多说了几句，"自从古希腊的异教徒之后，就再没有人画过裸体了。我们只能给基督徒画画。而且，人的裸体是丑陋的，而我们画的画应该追求美。就比方说那些穿着长袍，迈着潇洒的步子的人体……"

老师的话并没能使米开朗基罗满意，他想不通为什么现在的人们多半认为，人的裸体是丑陋的，可是，古希腊人却认为那是美的，他自己也这样认为。可是，他一时间，也不知道如何和他的老师争论，只有把这个想法默默地埋在了心里。

初露锋芒

吉尔兰岱约的《圣约翰诞生图》的画稿完成了，接着就要把它画到新圣马利亚教堂的墙壁上。

准备出发去教堂的那一天，每个人都忙碌着，收拾着图案、速写、画笔和其他的用品。他们一件件把这些东西装在一辆小车上，由一匹小驴拉着。吉尔兰岱约走在前面，米开朗基罗赶着车。

经过一段跋涉后，终于来到教堂。米开朗基罗随着众人走进一道道铁门，忽然情不自禁地站住了。他深深地呼了一口气，这里浓香缭绕，又清爽宜人，单是这种气息，已经让米开朗基罗感觉像是步入了另一个世界。而教堂中无处不在的艺术品，更是使他肃然起敬。三百多英尺长的教堂伸展在他面前，他慢慢地走过座位之间的主要甬道，一点点品味着，心中暗自琢磨：

"这样精美的艺术，究竟是谁创作出来的呢？"

在那同时，米开朗基罗也在问自己：

"不知是否有一天，自己也能有作品被作为一种装饰，放在这座教堂里？"

不等米开朗基罗把自己的心事想完，吉尔兰岱约先生已经带领大家开始工作了。他们在教堂里，搭起了脚手架。年龄较大的学生，随着老师一起，爬上用木板搭起的平台，用新鲜的沙灰抹拱顶，再用笔在上面作画。

那些年龄小一些的，就站在平台之间的过桥上，给上面的人递水彩和笔。

米开朗基罗自从到画室学徒以来，还是第一次参加这种工作，当然被分到后一组中，虽然他很有些不情愿。

但是不管怎样，米开朗基罗又很快找到了自己的乐趣。

中午休息的时候，吉尔兰岱约从脚手架上下来时，听见他的学生们正热火朝天地争论着什么。

"你们在干什么？"他一边高声问着，一边朝学生们聚集的那一边走，"什么该往左边移？还有什么没画在壁画上？难道你们当中还有谁，想在上面画一个圣女？你们这些小鬼，又想出什么花样了？"

说话间，吉尔兰岱约已经走到了近前，他轻轻地用手把孩子们分开，只见小米开朗基罗站在正中间，手里拿着一截快要用完的木炭。

"这是什么？"当画家看见眼前的那副速写时，不禁惊奇地脱口而出。

这是刚才大家工作场面的一副速写，仔细看看，吉尔兰岱约还在上面找到了自己，他的周围是各自忙着工作的学生们，姿态神情都惟妙惟肖，整个画面又显得幽默活泼。再看看画面的透视和构图的准确性，更是令吉尔兰岱约赞叹不已。

"这是你画的?"吉尔兰岱约问。

米开朗基罗点了点头。

吉尔兰岱约一边满意地冲米开朗基罗点头微笑着，一边意味深长地说：

"啊……原来你是这样的……原来如此……"

这时，又听到格兰那齐笑着说：

"你们快瞧，他连我身上的小补丁都画出来了！"

米开朗基罗的画得到了老师的称赞，大家自然越发感兴趣，凑得更近些，在画上找自己。指指点点地端详着，不时发出一阵哄笑。

得到老师和同学们的一致好评，米开朗基罗心中自然美滋滋的。但是，按照他自己想达到的标准，他知道这只是刚刚开始而已。可大家的夸奖，还是使他增强了自信。

随后的日子里，米开朗基罗就利用一切时间，开始了自己的钻研。他尽自己的所能，从各处收集来他认为有长处的画幅和版画，一幅一幅地临摹。同时，他还捉住身边的很多场景，进行速写。事实上，如果有那份可能，他几乎像疯了一样想要画下他所看到的一切。

一次，米开朗基罗准备摹仿当时的版画家马丁·硕卡乌艾尔的一幅版画。这幅画描绘的是正在被魔鬼折磨的圣安东尼。

这幅画他花了好一段时间，每次要画这幅画之前，米开朗基罗都变得特别沉默。那段日子里，他利用每一个可能的机会从画室走出去，四处寻找动物，认真细致地对它们进行实地观察，看它们如何表达愤怒，看狗和鸡如何争斗，看猫是怎样地撕碎老鼠。在他眼中，这一切都是类似于魔鬼的愤怒。

他还跑到市场上，到卖鱼卖肉的小店里，他仔细地琢磨那些长着各色各样羽毛和尾巴的鸟，肥厚的或者像蛇一样的鱼，观察它们的鳍和鳞片的颜色，看那些长着锐利牙齿和强健的下颚的动物，留意它们的爪子和硬毛。

总之，在还没正式动笔之前，米开朗基罗在头脑中积满了那些自然界中所存在的，既丑陋又令人害怕的东西。他认为，这些都是在表现魔鬼时用得着的。

等到素描真正完成，他把画拿给老师吉尔兰岱约先生看。如果对于米开朗基罗从前的临摹，吉尔兰岱约都给予真心的赞赏，这次，作为老师的吉尔兰岱约，除了夸奖以外，几乎是情不自禁地有些妒忌了。他心中暗想：

"米开朗基罗的这幅画，事实上已经不能叫做临摹了，他在其中注入了许多新的东西，而这画不过是出自一个14岁孩子的手，真是让人不能相信。"想到这里，

自己轻声嘀咕着：

"用不了多久，他就会超过我们这些人……"

"雕刻才是最高的艺术"

为教堂画壁画的工作仍在按照原计划进行着。当吉尔兰岱约开始画年轻的乔万娜·托那波尼的时候，这幅壁画就到了它的最高潮。

乔万娜身穿华贵的丝绸长袍，戴着珠宝，两眼直视前方，对靠在高背床上的伊丽莎白、还有那位正在吃着托那波尼美人的奶的约翰丝毫不感兴趣。

当这一幅画马上结束的时候，米开朗基罗站在华美的护墙板面前，他有一种异样的感觉，觉得这幅画和他之前所设想的不一样。在他看来，现在他眼前的这一幅，并不是在描写约翰在伊丽莎白和撒迦利亚朴素的家中诞生，倒好像画出了一个富商家中的社会集会。

米开朗基罗在其中找不到一丝一毫的宗教气息。

米开朗基罗心中琢磨，老师为什么会把这幅壁画画成这样一种效果。他想：

"老师一向以自己的故乡——佛罗伦萨而自豪。他几乎花了一生的精力，精心观察、描绘那里的人民、街道，还有热闹的游行场面。因为他太专一于自己的故乡，所以才会把耶路撒冷画成了佛罗伦萨，而《圣经》

上的人物，也就自然成了当时的佛罗伦萨人。"

不管为着什么原因，米开朗基罗仍觉得这幅画不够完美，他一边想，一边闷闷不乐地走出了教堂，走到了主教座堂。

在教堂工作的这段时间里，学徒们工作完了，或是工作间歇时，往往喜欢一起聚到主教座堂的大理石台阶上，观看从这里经过的赛会行列。

这种赛会在佛罗伦萨每天都有。在赛会行列中，姑娘们各个白皙苗条，亭亭玉立，戴着色彩鲜丽的毛巾，穿着高领长袍和长长的百褶裙，柔软的丝织物衬托出身体优美的曲线。年龄大一些的男人，穿着色彩浓重一些的外氅；那些富家子弟多半都穿着细长的紧身裤，两条裤腿往往染成不同的颜色，还按照家族纹章配有图案。

这会儿，学徒们又抽空儿聚在一起观瞧。雅各波坐在古罗马的雕花石棺顶上，对行列中的人一一品头论足。

这时，米开朗基罗来到雅各波身边，平时，他对这样的赛会也挺感兴趣，今天却视而不见似的。只见他好像被什么神奇的力量驱使着，用手抚摸着石棺上雕刻的葬礼行列中的人和马，而后对坐在石棺上的雅各波说：

"你摸摸，这些大理石雕刻的形象，简直像现在还活着，它们还在呼吸哩！"

他的语气异常地欢快激动，声音也特别大，引得旁边的同学们都回过头来看他，米开朗基罗却并没有因此而停下来，反而更大声地说：

54

"上帝是第一个雕刻家。他雕刻的第一个形象就是人。他用的是什么材料？石头。可是，让我们看看现在，佛罗伦萨还有几个雕刻家？"他的情绪越来越激动，"让我来告诉你们为什么，现在的雕刻家越来越少了：因为雕刻家不像画家那么轻松。使用锤子和錾刀，这使他们需要耗费更多的心血和气力！"

　　他的这番话，显然令周围这些未来想成为画家的学徒们不高兴了，连向来拥护他的朋友格兰那齐也与他争辩起来：

　　"要是像你所说的，用辛苦劳累来评价艺术的话，采石工人就要比雕刻工人高明得多，铁匠也比金匠伟大了。"

　　"但是，你们必须承认，艺术品的价值是用它来表现现实，而雕刻却是最接近现实的形象的。而且，它所要求的判断和构思的准确性，也比绘画要高1000倍。"

　　这时，雅各波怪叫一声，从他蹲着的地方跳起来。

　　"我认为，雕刻是个讨厌的东西。石头能雕刻出什么东西？男人、女人、狮子、马，雕来雕去，都不过是老一套，烦死人了。但是，你看画家，他们能随他的心愿，画出整个大千世界：太阳、月亮、星星、山、水，还有树木……要我看，雕刻家们最后一定是因为厌倦透了自己的创造，才纷纷死掉了。"

　　听了这话，小米开朗基罗觉得委屈极了，险些哭出来。泪珠在眼中转了几圈儿，终于忍住了。接着又说：

　　"你们都错了。你们忘了，绘画是容易毁坏的。教堂里如果烧了一场火，或者天气过冷，颜色就会褪败裂口。但是，石头却是永恒的！你们不信，就请看看这座古罗马的大理石棺吧！它简直跟刚雕好时一样，线条分明，气魄雄伟……"

画室的主管门那第一直在听他们的这番争论。这时，他举起手，示意大家静下来，而后语气温和地对小米开朗基罗说：

"米开朗基罗，就算你刚才说的都是对的。可是，你想过没有，大理石的价格实在太高了，可是绘画的材料却很便宜，订画的人也多的是。要是想做一名雕刻家，有谁在你练习的时候，白白地送给你石头？如果这样，你又怎样养活自己呢？"

最终，倒是门那第的这个问题难倒了米开朗基罗，他一时间被问得哑口无言，没再说一个字，快快地离开了主教座堂。在他身后，雅各波故意提高着声音笑着，还有几个人随声应和。

真正使米开朗基罗觉得苦恼的，并不是在大家面前丢了面子，他只是在想门那第刚才的问题。他知道，他所说的，与自己所要辩白的问题，其实并没什么相干。只是，他不知道，如果真面临门那第所说的那样的难题，自己又该如何解决呢？

把手艺 "偷" 到了手

虽然米开朗基罗仍然坚持自己的意见，"雕塑才是最高的艺术"，但是他却并没因为这一点，放松绘画的练习。他整天泡在画室里，他的画每天都有很大的长进，常常使老师吉尔兰岱约也大吃一惊。

一天，吉尔兰岱约给米开朗基罗留了一份作业，让他复制一幅自己的素描。等到米开朗基罗把作业交上来时，他却把米开朗基罗复制的那张当成自己画的。正当他指指点点地指导米开朗基罗时，米开朗基罗忽然禁不住说：

"你错了，老师。这一张才是我复制的，那张是您的素描。"

吉尔兰岱约一下子被米开朗基罗的话弄得面红耳赤，他四处看看，大家都在忙着工作，没有人注意他们的谈话，这才松了一口气。

等他再仔细看米开朗基罗的那幅临摹画时，他不得不承认，这幅画在某些方面比自己画得更要好一筹。吉尔兰岱约心想：

"我早预料到，米开朗基罗的画也许有一天会超过我，但没想到，这一天来得这么快。"

不久后的一天，吉尔兰岱约要画一幅耶稣像，是耶稣接受约伯洗礼的那一幅。他在画室中点着蜡烛画了一个通宵，天亮时草图已经堆了一摞，但是没有一张让他满意，正当他一个人在那里犯愁时，有人推门走进来。

"是谁来得这么早？"吉尔兰岱约心想，回头一瞧，原来是他的学生米开朗基罗。

米开朗基罗走到老师身边，仔细地看他画的十几幅草图。

"这个题目太难了，我真害怕自己画不好。"吉尔兰岱约皱着眉头说。

米开朗基罗什么也没说，静静地走回自己的位置。吉尔兰岱约也没再留意他，又回过头来考虑自己那幅画。

老师没想到，原来米开朗基罗提起笔来试着解决他的这个难题了。他画了一个星期，又是一个清晨，他把自己画的耶稣拿给老师吉尔兰岱约先生看。

吉尔兰岱约接过那幅画，定睛一瞧，他不禁愣住了，米开朗基罗画的这张耶稣像和以往别人画的截然不同。

画上的耶稣双肩有力，大腿粗壮，还有一双大而结实的脚板。

"佛罗伦萨是不会接受一个劳动阶级的耶稣的！"吉尔兰岱约看了画后说。

"可是耶稣本来是个木匠啊！"

听了米开朗基罗的这个回答，吉尔兰岱约一时不知该怎样说，再仔细端详画上的耶稣，觉得确实比他画的那些张都好。

"也许正是这个孩子才真正捉住了画这幅画的要领。"吉尔兰岱约心中暗想,可是嘴上什么也没说。

几天后,画室里大家都议论着,说吉尔兰岱约先生那张耶稣的画终于完成了,正要放大画到墙壁上去。米开朗基罗随着大家,一起去看那幅画。出乎他意料的是,老师画的这张耶稣,和自己前几天给他看的非常相似,只是细微的地方有一些改动。

见到米开朗基罗也来看这幅画,吉尔兰岱约把脸扭向一旁,显得有些难为情。对这件事,米开朗基罗没有告诉别人,也并不为此事生气,不管怎么说,这至少证明,老师承认他画的这幅耶稣是最好的,这已经使米开朗基罗很高兴了。

这之后的第二周,画室的所有人到新圣马利亚教堂去画一幅《贞女之死》的壁画。

像往常一样,工作空闲之余,米开朗基罗又开始练习速写,这简直成了他的习惯了。

他拖了一张木凳放好,从口袋里掏出了画笔和木炭,开始画他眼前的景物。画着画着,他觉得身后有人正盯着他看。他转过身一瞧,原来是他的老师吉尔兰岱约。

吉尔兰岱约用嘶哑的嗓子低声说:

"在绘画这方面,有些东西你懂得比我还要多,明天早上你到我画室来一下,也许我能再教你一些新东西。"

第二天一早，米开朗基罗很早就来到画室，吉尔兰岱约和格兰那齐已经在那里等着他了。老师让格兰那齐把米开朗基罗送到画室天井背后的一道石壁上，让格兰那齐先教他怎样画壁画：

"首先，白灰泥一定要拌好，不然画壁画时，白灰泥一掉，你的画就前功尽弃了。然后再检查一下硝石，因为硝石会腐蚀颜料的。下面我再教你怎么用抹刀把表面抹平。白灰泥要尽可能地少和水，要调匀净，调得像奶油一样粘稠才行……"

"可是，格兰那齐，我是用笔画画，可不是用抹刀画画啊！"米开朗基罗显出几分不情愿地说。

"一个优秀的艺术家，就要知道他的那个领域中所有细节，包括他不喜欢的，也包括他觉得不干净的部分。"格兰那齐非常严肃地说。米开朗基罗很少看见他的这位大朋友如此严肃，而且想想也觉得他说得很有道理，于是就乖乖地开始学起来。

一会儿，格兰那齐把白灰泥和好了。他随手把一把抹刀递给米开朗基罗，一边讲，一边示范给米开朗基罗看。聪明的米开朗基罗在一边聚精会神地听着看着，很快就领悟了其中的道理。

当白灰泥干到一定程度时，格兰那齐举起一张画室里做成的草图；米开朗基罗按照格兰那齐教的，在画纸上用象牙签刺着小洞，在白灰泥上勾出几个形象，然后再用木炭添上那些小洞。

等格兰那齐取走画稿，米开朗基罗就拿起红赭石，把那些洞眼连成线条。赭石的画迹干掉之后，他再把剩下的木炭用一片羽毛刷去，这样一幅画的轮廓就出来了。

这时候，门那第走进画室，近前看了看他画的轮廓，又把米开朗基罗叫到身边，认真地说：

"记住，新鲜的白灰泥会改变粘度。早上的颜色应该清些，这样白灰泥才不会把细孔堵住。等到黄昏时，白灰泥的吸收力就减弱了。还有一点，不管怎样，在使用任何颜料之前，你一定要把它们磨碎。从药店买回来的颜料像核桃那么大，不研磨上两个小时是不能上壁画的。"

还没等米开朗基罗反应过来，只见吉尔兰岱约也来了。"你继续画吧！"老师好像并不想打扰他的学生，但是又忽然想起什么似的，认真地对米开朗基罗说，"米开朗基罗，如果是真正的矿石黑，就用这种黑粉；如果是铁渣黑，就要加上一点矿石绿。"

这时，一边的格兰那齐又插话了：

"如果他连自己制作画笔都不会，给他讲颜色又有什么用呢？你看，米开朗基罗，这些猪鬃是从白猪身上弄来的，但是，你要记住，一定要是家猪。用一磅猪鬃……"

没等他说完，米开朗基罗就制止了他的话，他把双手向上一挥，哭笑不得地说：

"天哪，难道你们想把三年的学徒功夫都一下子塞给我吗？"

　　他的这句话惹得吉尔兰岱约、门那第，还有格兰那齐都禁不住笑了，想一想，他们也实在太难为米开朗基罗了。

　　但是，不管怎么说，在这三位老师的教导下，米开朗基罗的进步非常快。等到这一年的秋天，他已经可以在格兰那齐的协助下很好地完成壁画了。

　　一天，和往常一样，他和格兰那齐一起爬上脚手架，那上面摆满了白灰泥桶、木桶、画笔、搅拌勺和画稿。米开朗基罗先在墙上抹了一层白灰，再把画着圣徒的画稿铺在上面。然后他勾了画的轮廓，调好颜料。这一切都准备就绪，他回身瞪大眼睛，看着格兰那齐。

　　每天到这时候，格兰那齐就该和他一起画了，一边画，一边对他进行指导，可是今天他却站在原地不动，米开朗基罗觉得有些奇怪。

　　这时，只听格兰那齐说：

　　"米开朗基罗，我再也帮不了你了，你已经不需要我的帮助了。以后只能由你自己和上帝来解决问题了。祝你好运！"说完他就从脚手架上爬下来，把米开朗基罗一个人留在上面。

　　看着格兰那齐真的走了，米开朗基罗一时间觉得四周空荡荡的，他感到孤独而又有些紧张。但是很快，他就振作起来，他明白，现在他终于可以按照自己想的去做壁画了。

　　他重又打起精神，把画笔蘸了些绿土，开始画人物面部最阴暗的部分：下巴、鼻子和嘴巴的下部。他越画越投入，越画越兴奋，几乎忘了周围的一切。

到了第三天，他的画就已经大功告成了。当他最后一次从架子上下来的时候，画室中每个人都出了钱买酒向他祝贺。

雅各波第一个举起酒杯祝酒：

"为我们的新同行干杯，祝贺你这么快就把壁画技术'偷'到手了！"

当天下午，吉尔兰岱约把米开朗基罗叫到自己的房间，非常诚恳地对他说：

"有人说我嫉妒你，没错。当然，并不是为了你今天完成的那幅壁画，那幅画其实还是有些粗糙幼稚，但是我倒是真嫉妒你所达到的绘画水平。好好干吧，年轻人，我相信，你一定会有出息的！"吉尔兰岱约用手拍着米开朗基罗的肩说。

大开眼界

虽然得到老师这么高的赞赏，米开朗基罗却并没有骄傲，仍是每天坚持不懈地练习着，不停地给自己确立更高的目标。只是令他常常感到不愉快的是，他越来越觉得在吉尔兰岱约的画室里，他可以见识的东西太少了。而他心中关于艺术的很多问题，在这里也得不到解决。他又开始像上学时一样，抽出时间就跑到一个教堂

里，看各式各样的雕像，他一直都没改变自己的想法：

"雕刻才是最伟大的艺术。"

米开朗基罗的这些心思，被他的好朋友格兰那齐发觉了。

一天，米开朗基罗正在为吉尔兰岱约刷一块木板的底色，只见格兰那齐闯进画室，兴冲冲地说：

"跟我来，我带你去一个好地方！"

米开朗基罗这会儿正好画得有些厌烦了，于是高高兴兴地随着格兰那齐出了门，也没问去哪。他知道，格兰那齐总有些令他喜欢的花花点子，看他那兴高采烈的样子，这一次一定也不例外。

格兰那齐带着米开朗基罗来到大教堂对面的一道门旁，两人推开门走进去，米开朗基罗被眼前看到的情形惊呆了。

"我从没见过这么大的花园！"米开朗基罗禁不住惊呼道。

只见他们的前方，有一条小径，小径的尽头是一股清泉和一尊大理石雕像——《拔刺的少年》。沿着这条小径走下去，路旁有一个小花园，墙壁前面是凉廊，上面陈列着几个罗马时代的雕像。米开朗基罗喃喃地说道：

"这——这到底是什么地方呀！？"

"是一个雕像花园，著名的罗伦左·德·美迪齐在这儿办了一所学校。他把白托多请到这里来，让他在这里恢复佛罗伦萨雕刻的鼎盛时期。"格兰那齐告诉他。

"你说什么？白托多在这里当老师，就是大名鼎鼎的多那太罗门下那个著名的学生吗？"

"正是他。"格兰那齐回答道，而后接着又说，"要是我能有机会在这里学习，让我做什么我都愿意。"

"我也是。"米开朗基罗连忙说。

这时，他们看见远处有一群人，两人向那边走去，原来这是一间娱乐厅的走廊，很宽敞，里面有十几个和他们年龄差不多的年轻人，他们正在用大大小小的石头雕刻着什么，其中有一位长者，他正在教两个学生打大理石的毛坯。

"那位就是白托多先生，我从前遇见过他。"格兰那齐指着那位长者，告诉米开朗基罗。

趁他们忙着，格兰那齐又领着米开朗基罗偷偷地溜进了娱乐厅。这里展览着罗伦左收藏的玉石浮雕、钱币和徽章，还有那些曾为罗伦左家族工作过的艺术家的代表作。这些艺术珍宝令米开朗基罗眼花缭乱，他瞪圆了眼睛，生怕会漏掉一件展品，还不时地为他看到的艺术品惊呼着。

在回画室的路上，米开朗基罗忍不住问格兰那齐：

"什么样的人才能到那里当学徒呢？他们是怎么被吸收到那去的呢？"

"听说是罗伦左先生和他请来的老师白托多挑选的。"

"他们可真幸运啊！我要是能被选上该多好呀！"

"别着急，你还小，以后的机会多着呢。说不定哪一天你就成了艺术大师白托多的学生，住进那个雕塑花园呢。你一定要耐心等待。"

话虽这么说，自从看了那座花园以后，米开朗基罗的心就没有平静过，整天都想着这件事，连做梦都梦见自己做了白托多的学生。梦醒后，他就犯愁了，他这么不起眼，人家怎么才会发现他呢？再说，他当初和吉尔兰岱约先生签的合同是在画室学徒三年，那么即使有机会，他也只有错过了。想到这些，米开朗基罗心里难过极了。

不久后的一天，格兰那齐听到消息，罗伦左要在他的卡列吉别墅举行一个大型集会，邀请了许多著名的艺术家和学者参加。格兰那齐赶忙把这一消息告诉米开朗基罗，两人决定无论如何要去看看。

举行集会的那一天，太阳刚刚升起来，就有很多人从四面八方涌向卡列吉别墅，气氛像过节一样。

当格兰那齐和米开朗基罗到了别墅大门前时，这次集会的节目已经开始了。只见一些健壮的青年，个个裸露着上身，在场中角逐。每场比赛的胜利者可以在罗伦左那里领到一面锦旗。

他们两人连忙挤到前面。"他们斗得真灵巧！真漂亮！我看单凭那优美的身躯，就应该给他们发奖。"格兰那齐兴奋地说。

比赛一个接一个地进行着，赛跑、铁饼、赛马，一个比一个精彩，而这些都是按照古希腊时候的规则进行的。等到比赛之后的舞蹈，就更让米开朗基罗大开眼界了。

几十个年轻美丽的姑娘，穿着轻盈的古希腊长衣，披散长发，举着手中的花环，踏着欢快的节拍，而且越跳越疯狂，赢得观众们的一阵阵喝彩。

这时，已经被主人的美酒熏得微醉的人们，都纷纷挤进跳舞的行列，气氛越来越热烈，掀起了一个高潮。

米开朗基罗不错眼珠地看着眼前的一切，生怕有一点儿被漏下。他捕捉、记忆她们的每一个动作，他自言自语道：

"我真想用石头塑出这一切呀！"

作为这次盛会的主人，罗伦左先生外表上却与大家没有什么太大的差别。他在人群中走来走去，向他的客人们打招呼。这时，他忽然注意到格兰那齐和米开朗基罗，在这些人中，这两个年轻人显得有些不一样。

"这是多可爱的两张脸啊！"罗伦左一边想一边向两个孩子走去。

"你们觉得今晚的集会安排得怎么样？"罗伦左问。

"妙极了，先生！"格兰那齐回答道。

"那么说，你对今天整个的节目都很感兴趣了？"罗伦左接着问。

"说实在的，非常感兴趣。我从来没见过这么精彩的集会！"格兰那齐回答。

罗伦左觉得他对面前这个男孩子越来越感兴趣了，他心中暗想，如果给他穿些时髦漂亮的衣服，他一定会比自己学院里的许多人更惹人喜爱。想到这里，他又接着问：

"看你这身打扮，你一定是某个艺术家的学生。怎么样，我猜得对吗？"

"您猜对了，尊贵的先生。我叫佛朗切斯克·格兰那齐，这是我的同学，他叫米开朗基罗·朋那洛蒂，我们都是吉尔兰岱约先生的学生。"

格兰那齐把一直藏在他身后的米开朗基罗拽到前面来，但是与格兰那齐的那张脸相比，米开朗基罗显然没他长得那么漂亮，而且也不像格兰那齐那样会说话。罗伦左只是礼貌地朝他点点头，就又和格兰那齐交谈起来。

"啊，吉尔兰岱约，我听说过，在佛罗伦萨这可是个响亮的名字。"罗伦左说到这儿，又拍了拍格兰那齐的肩，"我亲爱的孩子，既然你是搞艺术的，你也许就会对我的雕塑花园——圣·马可花园感兴趣。如果你愿意，以后你随便什么时间都可以来玩。"

听到这话，可把格兰那齐乐坏了，可是他并没忘了自己的朋友，连忙问：

"我一个人来，还是和他一起来？"

罗伦左先生笑笑说：

"如果你的伙伴也对我的别墅和圣·马可花园感兴趣，他当然可以和你一起来，只是我希望你们不要浪费这么好的机会，在这里学点儿什么才是正经事。"

罗伦左先生说完这番话就走开，去招呼别的客人了。

也许对于罗伦左先生来说，允许两个孩子自由出入他的花园和别墅，这并不是什么大不了的事，然而对于米开朗基罗和格兰那齐，这简直是天大的喜事。

虽然不能有幸成为白托多的学生，但能成为圣·马可花园的常客，也足够令米开朗基罗满足了。

幸福时光

在罗伦左先生的府邸里，米开朗基罗度过了一生中最幸福的岁月，虽然被妒忌他的人打伤了鼻子。

神话般的转变

　　从那天开始，米开朗基罗和格兰那齐就常常去圣·马可花园，每次去都有些新的收获，米开朗基罗为了这件事，几乎每天都兴致勃勃的。只是一想到不能成为那里真正的一员，他仍是感到非常遗憾，有时就会一个人闷闷不乐。

　　一天，格兰那齐和米开朗基罗又一起去花园，迎面遇见了罗伦左先生。他看来已经忘了集会那天的事，把他们错当成是圣·马可花园学校的学生。

　　"你们怎么这样一副肮脏像？我学校里的学生怎么会是这个样子！"罗伦左有些生气地说。

　　见这情形，米开朗基罗一时不知说什么才好，愣愣地站在那里，显得有些委屈。"虽然我们的衣服不那么漂亮，像白托多先生的学生那样，可是我们并不脏啊！"他心中这样想着，嘴上却不敢这样说。

　　还是格兰那齐胆子大一些，他上前一步，脱下无檐软帽，对罗伦左先生行了一个礼，客气地说：

　　"罗伦左先生，您记错了，我们不是在圣·马可花园学校学习，我们的老师是吉尔兰岱约。"

　　听格兰那齐这样一解释，罗伦左好像记起这两个孩子了。他笑了笑，然后说：

"难道你们不想到这里来学习吗?"

一听这话,米开朗基罗连忙说:

"当然想了,但是我们是和吉尔兰岱约先生签了合同的,一定要在那里学徒三年才行。而我才在那里待了一年……"

"原来是这样。"罗伦左先生好像恍然大悟似的,他皱着眉头想了想,说:"既然是这样,如果你们真的想到这里来学习,我可以去跟你们的老师谈,也可以给你们交毁约金。"

米开朗基罗和格兰那齐乐得都要跳起来了,只是有罗伦左先生在场,他们才忍住了。

说完这话,罗伦左先生就走开忙自己的事去了。

"天哪!我们成为白托多的学生了,格兰那齐!"

"这简直像做梦一样。"

"我现在觉得自己是世界上最幸福的人了!"米开朗基罗说着,忍不住抱住了格兰那齐。

两人你一言我一语地,在回画室的路上,已经开始计划着他们以后的生活了。

在以后的几天里,他们每天都在盼着罗伦左先生来接他们去圣·马可花园。一天、两天,一个星期过去了,一点儿动静也没有,两人有些失望了。

"罗伦左先生一定把这件事忘了。"格兰那齐说。

"那可怎么办呢?"米开朗基罗急得都要哭出来了。

两人想着这件事,愁眉苦脸地走进画室,坐在自己的位置上,忽然觉得气氛有些不对。这时听见吉尔兰岱约先生开口了：

"今天，美迪齐家的罗伦左先生来找我，"他刚说到这儿，米开朗基罗和格兰那齐的耳朵都立刻竖起来，米开朗基罗觉得自己的心都要蹦出来了，吉尔兰岱约接着说，"他请求我把最好的两个学生送到他的学校去，格兰那齐、米开朗基罗，你们愿意去吗？"

一听这话，两人几乎不约而同地站起身，回答道："愿意！"

"那好吧，格兰那齐，你和米开朗基罗的学徒合同取消了，现在你们就可以回去收拾行李，一会儿罗伦左先生就派人来接你们。"

两人听了老师的话，匆匆忙忙地就离开画室，在他们的背后，无数双眼睛充满羡慕地看着他们，其实，圣·马可花园学校是他们每个人都向往的地方。

两个人把一切都准备好之后，最后向老师吉尔兰岱约告别，直到这时候，米开朗基罗忽然觉得有些难过了。不管怎么说，是吉尔兰岱约先生最早把他领入艺术之门，给了他那么多帮助和教诲；而现在在这里学徒才一年，他还没有真正做些什么来报答他的启蒙老师，就要离开了。

想到这里，米开朗基罗觉得有些内疚。他低着头，站在老师的面前。

吉尔兰岱约看出他的矛盾心情，温和地对他说：

"你是对的，米开朗基罗，壁画不是你的职业，你画的画看起来常常像是石头雕刻成的。你有素描的天赋，这也可以用到雕塑上去。我相信在圣·马可花园，你一定能成长为一名雕刻大师。只是你最好不要忘了，多门尼哥·吉尔兰岱约是你第一个老师。"

就这样，米开朗基罗和格兰那齐依依不舍地告别了吉尔兰岱约，还有和他们朝夕相处的同学们，来到了他们日思夜想的圣·马可花园，成为了白托多名下的门徒。

在米开朗基罗心目中，白托多的形象一直是那样神圣，而他的样子也真的像画中的神仙一般。他高高的个子，长着一张清瘦的面庞，满头白发，长长地披在肩上，眼睛是灰蓝色的，衣服总是干干净净的。

但是，当真正与他相处时，米开朗基罗发现，白托多先生并不像自己所想象的那样严肃，而是和许多长者一样，他一点也不高傲，还很有幽默感。他和每个人说话都和蔼可亲，在发现他的学生出错时，他常常一边慈祥地笑着，一边轻轻地责备着，一边又告诉他们应该怎样做。

他除了雕刻之外，有两项爱好：欢笑和烹调。他还专门写过一本谈烹调的书。他的欢笑和他做的鸡肉是一样的美味，简直富有魔力。当你遇到烦心事时，一看到他的笑容，你的心情就会好了许多。

米开朗基罗的工作台被分到门廊旁，临桌是托里吉安尼。他金发碧眼，米开朗基罗觉得他挺漂亮。托里吉安尼对这位新来的同学也很热情，很快，他们就成为了好朋友。

有这样好的学习环境，这么好的老师和同学，米开朗基罗觉得上帝真是很偏爱他。他常常想："这一切转变都太神奇了！"

第一尊蜡像

在开始的日子里，米开朗基罗觉得在这里的生活充实极了，他在这里一天可以学到的知识，在吉尔兰岱约的画室里恐怕一个月也学不到。尤其是，现在他可以随时随地都看到那么多美丽的大理石雕像。他很想照着这其中一些他特别喜欢的石像，自己也塑一尊雕像。只是，他手头没有大理石，而且，白托多先生还没有正式教他怎么雕刻真正的石头呢。每当想到这件事，米开朗基罗就又有些不高兴了。

一次，米开朗基罗终于忍不住了，问白托多：

"我什么时候才可以用真正的石头雕刻呢？"

白托多看看米开朗基罗那着急的样子，笑了笑，不慌不忙地说：

"傻孩子，别着急呀。那是下一步的事，我要先教你学会用刻刀，还有准确地素描也很重要，这些都过关以后，我们才能雕刻大理石。你见过哪个小孩子，还没学过走路，就开始学跑呢？"

虽然米开朗基罗觉得老师说的有些道理，但是，仍然很不情愿。在吉尔兰岱约先生的画室里，他已经练习一年素描了，来到了新地方，还要重复从前的事，米开朗基罗实在觉得很不耐烦。

来圣·马可花园时是春天，一转眼，已经是夏天了。每年这个时候，学校都要经过一次减员。在一段学习之后，认为自己不适合这一行的学生可以提出退学。

格兰那齐觉得自己不适合打石头，向罗伦左提出申请，做了圣·马可花园的管理员。他喜欢这差事，一天到晚检查运来的石头、钢铁，还有青铜是否合格，还在学徒中举行各种比赛。没事时他也画画，一次，罗伦左要他帮助设计游行比赛使用的旗帜，格兰那齐就高高兴兴地画起来。

见到这情形，米开朗基罗却生气了。

"格兰那齐，这些装饰用的东西，比赛一结束就扔掉了，根本算不得艺术，你怎么可以把时间浪费在这上面呢？"

格兰那齐了解米开朗基罗的脾气，所以听他这样说也不生气，只是耸耸肩，对他说：

"并不是每件事都一定要像你说的，要能够永恒才有意义。如果能给别人，同时也给自己带来快乐，我认为也值得一做。我认为生活中快乐就跟饮食一样，是必不可少的。"格兰那齐不慌不忙地解释道。

倔强的米开朗基罗并没听进去格兰那齐的话，一时间还找不出合适的道理说服他，只好一个人走了。一边走，一边想：

"我说格兰那齐做的事情没有意义，可是至少像他说的，他做的事情，可以使别人，也可以使自己快乐，可是我呢？来了这么久，仍然离我想达到的目标那么远……我有什么资格评价别人呢？"想到这里，他觉得沮丧极了。

圣·马可学校的学生学了几个月以后，每个月一般都可以按照成绩的好坏，或多或少地拿到一份奖金，可是米开朗基罗来了半年，还一分钱也没拿到，他为此事觉得疑惑而又难过。

"我难道就做的那么糟吗？"他总是这样问自己。

因为一直拿不到钱，米开朗基罗在家里的日子很不好过。

有一天，他一回家，父亲就满脸不高兴地问他：

"为什么在学校里待了八个月，别人挣钱，你却一分钱也没拿回来。"

"我不知道。"米开朗基罗垂头丧气地回答。

"罗伦左先生从来没有注意到你么？"

"从来没有。"

"白托多先生称赞过你的工作吗？"

"也没有。"说完这话，米开朗基罗又补充了一句，"虽然，我认为我比他们做的好。"

米开朗基罗说着就一个人走进自己的房间，他知道，不拿出真正优秀的作品来，是不会有人相信他的能力的。

在这以后的日子里，米开朗基罗发现白托多先生对他的监督越来越严厉。白托多从来不夸奖他的作品，而且总是不满意。

"不行，不行，你还可以画得更好些，再画！"他常常这样对米开朗基罗说。米开朗基罗几乎觉得白托多先生对于他来说像换了一个人，与刚开始那个和蔼可亲的长者截然不同。

他用种种办法难为米开朗基罗，要求他在梯子上向下画模特儿，又要他坐在地板上向上画模特儿。连假期里也要给他布置任务，让他构思一个主题，把整个礼拜画的形象都包括进去。

一天，米开朗基罗和格兰那齐一路回家，他禁不住对自己的朋友诉起苦来：

"为什么学徒中只有我一个人不能参加竞赛，不能按照订货画画，只有我一个人拿不到奖金？为什么白托多先生现在还不教我在真正的大理石上雕塑？现在，白托多先生几乎每天都把我关在画室里，连逛逛花园，看看艺术品都没有我的份儿！你现在是管理员了，你能不能帮我的忙，跟白托多先生说说吧！"

米开朗基罗说到这里几乎是在恳求了。

格兰那齐显得很为难，他知道自己没办法帮米开朗基罗，而且凭他的感觉，白托多先生现在这样做，一定有他自己的想法，虽然他也不知道到底是为什么。于是他安慰米开朗基罗：

"别着急，我想白托多先生觉得你能开始参加竞赛，能够用石头雕像时，他自然会告诉你的。耐心点儿，相信不会太久的。"

时光过得飞快，转眼就到了秋天。虽然仍旧觉得厌烦，但是，米开朗基罗也开始习惯了白托多先生的种种训练。

终于有一天，白托多先生走到米开朗基罗面前，把手放在他肩上说：

"今天，我来教你雕塑吧！"

老师说这句话时，语气很平淡，米开朗基罗却激动得几乎叫出声来，额头上渗出一层汗珠。要知道，这句话，他不知等了多少日夜了。

"我先来告诉你，什么是雕刻。雕刻就是用榔头和錾子从被加工的材料上凿去不需要的东西，使他变成艺术家心目中的形象。当然，还有一种是不断地向上堆东西，泥塑和蜡塑就是这样。"

米开朗基罗听到这里，连忙摇头，"泥塑、蜡塑，我都不想学，我只要像希腊人那样，直接从大理石上刻出作品来。"

"你有这样的志气是好的，但是我们还是要先从雕泥像、蜡像开始学。"

这么久相处，米开朗基罗已经熟悉老师的脾气，所以也不再坚持自己的意见，乖乖地跟着先生学起来。

白托多先生教他怎样用木棍和铁丝扎架子，架子扎好了，又教他用热蜡往上敷。

"通过这项练习，你可以熟悉怎样把平面的绘画变成立体的雕塑。你知道，雕像不仅要从正面看，而且要从每一个角度看，每一个角度都要完美无缺才行。也就是说，每一件作品的造型都不是一次造型，而是360次，因为，每转一个角度，它就成了另一件作品。"

　　米开朗基罗认真地听着老师讲，觉得自己从前虽然喜欢雕塑艺术，也看了那么多优秀的雕塑作品，但是老师刚才说的那番话，却是他从前没有想到过的。他觉得很长见识，同时也感到，雕塑决不像他从前想象的那么简单。

　　接着，他就按照老师教的，一步步做起来。先把蜡敷上架子，又用铁制的工具加工，最后用他结实的手指把它弄光滑。他越做越着迷，不知不觉，天已经黑了，教室里空荡荡的，只剩米开朗基罗一个人。这时，他也终于完成了这件蜡雕。

　　看着自己的第一件蜡雕作品，米开朗基罗开心地笑了。

凿掉"半羊神"的牙

　　圣·马可学校的学生，在来到学校一段时间以后，除了每个人会或多或少地领到一份奖金外，还会被罗伦左邀请去他的府邸赴宴。对于很多学生来说，被罗伦左先生邀请，比拿到奖金更重要，因为在佛罗伦萨，大家往往更看重荣誉。

和米开朗基罗差不多一起来的学生都被邀请过了，连学校里最不起眼的学生都被请去了，可是仍然没请米开朗基罗，"罗伦左先生也许把我忘了，"米开朗基罗常常一个人这样想。

三月里的一天，白托多先生把米开朗基罗叫到身边，告诉他：

"罗伦左先生的府邸里昨天刚刚运来一尊《半羊神》雕塑，是刚刚发掘出来的。据专家鉴定，是公元前五世纪希腊人的作品，我想你应该去看看。"

"真的吗?!"米开朗基罗几乎不能相信自己的耳朵，大声问道。

"是的，我这就带你一起去。"

"罗伦左先生的府邸可真大呀！"米开朗基罗一边心里想着，一边随白托多先生往里走。

他们先是穿过一道又厚又重的门，进了一个方形的院子，院子中最醒目的地方是两尊铜像。米开朗基罗一看就知道，这可不是普通的铜像，在佛罗伦萨几乎每个人都知道他们。两尊雕刻的形象都是《圣经》里的大卫，但是分别出自佛罗伦萨两位著名的雕刻大师之手：一位是同那泰洛，另一位是维洛琪奥。

米开朗基罗早听人说起这两尊像，却从没见到过。这会儿，他惊呼着跑过去，用手摸着铜像，上上下下看了好一会儿，直到白托多先生催他，告诉他前面还有很多好东西，米开朗基罗才恋恋不舍地离开，跟着白托多继续往里走。

世界名人传记丛书

SHIJIEMINGRENZHUANJICONGSHU

他们走过一间又一间的屋子，每一间都陈列着艺术品，看得米开朗基罗眼花缭乱，嘴巴张得大大的。

最后，他们终于来到了罗伦左先生的书房。和父亲的书房截然不同，米开朗基罗看到，除了满屋的图书外，在罗伦左先生的大大的书桌上方，有一个陈列架，里面摆放着琳琅满目的珠宝、玉雕，还有小型的大理石浮雕。

罗伦左先生不在，白托多指了指陈列架底层，对米开朗基罗说：

"新到的《半羊神》就在那儿，你还是自己好好研究研究吧！"

听了这话，米开朗基罗连忙走到《半羊神》雕像跟前观看，米开朗基罗险些叫出声来。这尊雕像刻得惟妙惟肖，一双眼睛活灵活现的，闪烁着调皮的神情。那撮胡子微微向上翘着，而且可能是长时间埋在土里，所以弄脏了。

"那一定是在他寻欢作乐时，不小心把酒泼在上面了。"米开朗基罗禁不住对身后的白托多先生说。转身一看白托多已经走远了。

米开朗基罗接着又仔细地端详这尊雕像，越看越入迷，觉得真是好极了。于是，他从衣服口袋里掏出随身携带的纸笔，认真地为这尊古老的雕像画了一张速写。

从府邸回来，米开朗基罗一遍又一遍地把自己画的那张速写拿出来看。晚上躺在床上，仍旧想着那雕像。忽然，他脑子里闪出一个念头：

"为什么我不照着这个样子，自己也塑一尊雕像呢？"

这个想法一时间使他兴奋极了，说干就干，明天就开始。他在心中暗暗计划着该怎样做。正美滋滋地要进入梦乡时，又想起："可是我没有材料啊！这可是最关键的……对了，听说，罗伦左先生要举行一个大型的学术讨论会，为这事还要建造一幢别致的建筑物。如果这样，就一定有大块大块的大理石被搬到别墅附近了。也许我明天应该到那里看看，没准能找到我想要的东西。"

第二天，米开朗基罗完成了白托多先生布置的作业，抽空就偷偷溜到工地，一个人在那里走来走去。忽然，他发现了一张熟悉的面孔，这人高高的个子，宽宽的肩膀。

"我一定认识这个人。"米开朗基罗想，"可是在哪呢？"他一时间想不起来。这时那个人却向他走来了。

当米开朗基罗和他的目光相遇时，他忽然想起来了，"天哪，你是朱里奥吧！"米开朗基罗兴奋地朝走过来的人说。

"当然是我了，想不到你还记得我。"说着，朱里奥又上上下下地打量了一番米开朗基罗，"你的变化可真不小啊！自从你从我们家被接回去，我们就再没见面，你现在长得可真棒呀！我都要认不出来了。"

在这里遇见童年时的小伙伴，米开朗基罗高兴极了。两人你一言我一语地回忆起当年在一起玩儿的情景。是呀，那时候，他们整天无忧无虑的，用石头搭房

SHIJIEMINGRENZHUANJICONGSHU

米开朗基罗

子，到山上去掏鸟巢……多好啊！现在，大家都长大了，每个人都增添了一些烦恼。

"你怎么到这里来了？"两人聊了一会儿，米开朗基罗忽然想起问这个问题。

"我现在在石场上班，我到这来给他们送建筑用的大理石。那你呢？你到这来干什么？"

"我现在是圣·马可学校的学生，我的画室就在这附近。"

一听这话，朱里奥的眼中流露出羡慕的目光，"你可真了不起，米开朗基罗，我可是做梦也没想到过能到这里来学习。"他说，然后又有些奇怪地问，"既然你是学校的学生，那你跑到这工地来干什么？"

"我想弄一块大理石。"米开朗基罗说。对于好朋友也不必有什么隐瞒，于是就原原本本地把他的一些事告诉了朱里奥。

听了这话，朱里奥说：

"真没想到，在圣·马可学校上学还有这么多烦恼。更多的忙我帮不了，但是也许我可以给你搞到几块石头。你先在这里等着，我去试试看。"

米开朗基罗乐得蹦起来，上前拥抱着朱里奥。

"你可真是我的救星呀！你这就是帮了我最大的忙。"

朱里奥笑笑，转身向工地走去。过了没一会儿，他果真弄了几块大理石回来，虽然都不够大，但是光滑而又透明，米开朗基罗喜欢得不得了，把他们藏在自己的胸前，匆匆地和朱里奥告了别。

米开朗基罗一路走，一路高兴地唱起来，"终于可以用真的大理石塑一尊像了！"

第二天，天刚蒙蒙亮，米开朗基罗就起来了。他来到花园里一片茂密的梧桐树下，这里非常安静，能清楚地听见鸟儿的啁啾，和微风吹动树叶的沙沙声，不远处有一股清泉，在这里还可以听得见流水的淙淙声。米开朗基罗平常就喜欢来这里，他觉得在这样的地方，使人的心情平和，有时候，静静的，他感觉自己像在与上帝对话一样。

他先把前两天画的那幅《半羊神》雕像的速写放在旁边，然后又按照老师说的话，用泥土打了一个草稿，一切准备就绪，米开朗基罗就开始雕刻那个神话中的森林精灵——半羊神。

先在石头上雕头部，当凿子第一下击在那块大理石上时，撞击发出的坚定有力的声音一下子使米开朗基罗兴奋起来。他手中的凿子越挥越快，过了一会儿，那块本来不成形的石头，在他的手中渐渐变得有了生气。半羊神的头部，先是具有一个粗糙的雏形，然后一点点在那块石头上显现出来了。米开朗基罗觉得好像自己在赋予这块大理石生命一样，越干越起劲儿。

经过三天早上，这尊雕像基本上刻好了，剩下的是一些细致的工作。米开朗基罗站起身，稍稍退后几步，仔细看着自己的作品。这时，他感觉身后有人走近的脚步声……还没等他回头瞧，一只手已经搭在了他的肩膀上。他不自觉地哆嗦了一下，转身一看，原来是罗伦左先生。

"噢，原来你一个人躲在这里刻《半羊神》！"罗伦左笑着说。

本来，被罗伦左先生发现在这里偷偷刻石像，米开朗基罗感到很害怕，以为这下一定要受罚了，可是，他这么一笑，米开朗基罗也放松了些。

只听罗伦左接着说：

"但是这半羊神的胡子呢？我的那尊像可是有胡须的。"

"雕刻家又不是抄袭家，应该创造出些新东西。"

米开朗基罗的回答显然让罗伦左感到有些意外，

"可是新东西从哪里来呢？"他接着问。

"从……"米开朗基罗迟疑了一下说，"从雕刻家的心中来。"

罗伦左满意地点了点头，"可是，你刻的半羊神年纪应该很大了？"

"难道年纪大不应该吗？"

"我不是在问他的年龄，问题是我不知道，你雕的这个老头儿怎么会长着满嘴整齐的牙齿？"

这问题一时间可问倒了米开朗基罗，他的脸腾地一下就红了。

罗伦左大概觉得他那副样子挺好笑，又故意接着说：

"你应该知道，像他这样的年纪总该少点什么。"

"人倒是这样，可是他不是半羊神吗？"他说到这里，有点得意似的，朝着罗伦左先生调皮地笑笑，"半羊神有一半是羊，羊老了也掉牙吗？"

罗伦左和蔼地笑笑，"这我倒没听说。"说完，他转身离开了，把米开朗基罗一个人留在那里。

看到罗伦左走远了，米开朗基罗看着自己的《半羊神》想了想，就拿起凿子，敲掉了半羊神的三颗牙，而后又仔细地加工了一下。

第二天清晨，罗伦左先生又来了。他在那尊雕像前停住，"米开朗基罗，看来你的半羊神在一夜之间成熟了许多，至少长了 20 岁。"罗伦左开玩笑地说，"我看你去掉了他的上牙，又在另外的一面去掉了两颗下牙。这又是为什么？"

"那是为了平衡。"

"你把整个嘴都重新加工了一遍，这说明你很有想象力，而且肯动脑筋。要是换了另一个人，说不定只是敲掉几颗牙就算了。"

说完这话，罗伦左又站在原地，一声不响地端详了一会儿，然后意味深长地说：

"我很高兴，我们没有在篮子里烧汤——白费了力气。"

米开朗基罗没有听懂罗伦左先生最后一句话的意思，但是，他没经允许，自己弄来大理石刻雕像，不但没有受到任何指责，反而赢得了罗伦左先生的夸奖，这实在使米开朗基罗出乎意料的高兴。

虚惊了一场

第二天一大早，一位身穿大红外衣的侍从来到花园。随后米开朗基罗就听到白托多叫道：

"米开朗基罗，罗伦左先生叫你到府邸去。"

"难道是因为我擅自动用了大理石，要送我回家吗？"这下米开朗基罗可真有些害怕了，他偷偷地用眼睛看了看老师，可是从他的表情什么也看不出来。没办法，他只有乖乖地随着侍从向府邸走去，一直走到罗伦左的图书馆。只见罗伦左先生正坐在一张桌子后面，见米开朗基罗进来，他开门见山地问：

"你多大了，米开朗基罗？"

"15岁。"

这时，罗伦左先生打开书桌，取出一个对折的羊皮纸夹，从口袋里取出十几张画，依次把它们铺展开，然后朝米开朗基罗招招手，让他凑近些。

米开朗基罗上前一看，他简直不敢相信自己的眼睛。

"天呀！这不都是我的画吗？"

"不错，米开朗基罗，是你的画，我们一直都收藏着这些画。事实上，我和白托多早就看出你在艺术领域很有天分。但是，我们摸不准你的性格，所以在你前进的道路上布置了许多障碍。"

听到这儿，米开朗基罗恍然大悟似的舒了一口气。罗伦左接着给他解释：

"白托多平时对你的要求很严厉，而且批评的多，却很少表扬。还有我们不发给你奖金，这些都是想要了解你的毅力。如果你会因为得不到赞赏和金钱，而离开我们的话……"

米开朗基罗好像一下子想不清楚这么多是似的，愣愣地站在那儿。罗伦左先生绕过桌子，走到米开朗基罗身边。

"米开朗基罗，我真高兴，事实证明，你没让我们失望，你不仅有艺术家的天分，而且有毅力，我和白托多想要把你培养成多那太罗的继承人。从今天起，你就搬到我的府邸来住，成为我们家庭的一名成员。你只需一心一意地搞你的雕刻，其他的一切事情都由我来管。"

"您真是太好了，罗伦左先生，我的梦想就是当一名雕刻家！"

米开朗基罗当天就住进了罗伦左的府邸。由一个侍从领着他，穿过府邸正中的庭院，走到一户房门前，开门的竟是白托多先生。

"欢迎你到我这里来，看来你要和我挤在一块了，罗伦左先生认为我的时间太少了，所以让我睡觉时也教你。"

就这样，白托多先生说笑着把米开朗基罗迎进了门。米开朗基罗本来有些紧张，这下却被他逗乐了。

第二天，罗伦左先生又派裁缝给米开朗基罗送去一套

新衣服。米开朗基罗穿上那件衣服，戴上特意为他做的大红软帽，在镜子前打量着自己。那金色的衬衫和长裤，紫罗兰色的大氅，使米开朗基罗一下子神气了不少。他正站在镜子前面陶醉着，这时白托多先生走进来。

"怎么样，穿上新衣服很高兴吧。可是，那是在宴会上穿的，现在还是穿那套短衫和制服吧，我们要开始工作了。"

一听这话，米开朗基罗马上觉得不好意思了。换上制服，随着白托多先生到画室去。

学习了一天，晚饭时候，白托多带他到府邸的餐厅用餐。罗伦左先生家的餐厅可真气派，餐厅正中放着一张 U 形的餐桌，旁边可以坐六十多人，餐桌上摆满了盘子，都是水晶或是银质的，还都镶着金边，盘子上用黄金镶嵌着佛罗伦萨城的百合花图案。

米开朗基罗被这样的气派弄得呆住了，这时，一个女孩在旁边拽了拽他，然后把手放在自己身边的椅子上，邀请他坐到自己身边。

"我是罗伦左先生的女儿，叫康黛辛娜。你就是我爸爸常说的米开朗基罗吧？"那女孩大方地问。

"是的。"米开朗基罗显得有些局促，点了点头。他用眼睛的余光扫了一下这女孩。她大概比自己小一些，长着一头金发，一张白皙的脸上生着一双美丽的眼睛。但是，这女孩好像生病的样子，显得苍白而又脆弱。

这时候，晚宴正式开始了。仆人们端来一道道菜，都用大银盘子盛着。米开朗基罗注意到一个身穿斑斓彩衣的年轻人，只见他从盘子里拿起一条小鱼，把它放在嘴边，好像在和他说着些什么，然后他又把鱼放在耳边。不一会儿，他忽然泪流满面。

这下可把米开朗基罗弄糊涂了，他禁不住问身边的康黛辛娜：

"他是谁？他怎么了？"

康黛辛娜笑笑说：

"他叫雅各，是府邸里的小丑。别着急，你一会儿就知道他怎么了。"

这时只听罗伦左先生问：

"你哭什么，雅各？"

"我有个朋友多年前淹死了。我刚才问那条小鱼，是不是在什么地方见到了他。那鱼说，它年纪太小，建议我问问盘子里的大鱼，关于这事，大鱼也许知道得更多些。"

餐桌上的人都被他逗笑了，罗伦左先生笑着说：

"快给他几条大鱼，让他再问问看。"

米开朗基罗也笑了。一顿饭就在这样说说笑笑的欢快气氛中吃完了，米开朗基罗感到府邸里的一切都是那么新奇。

会说话的石头

虽然刚一到罗伦左先生的府邸，米开朗基罗会对许多事感到新鲜好奇，但是在白托多先生的引导下，他并没忘记自己真正应该做的事。

第二天早上，白托多先生领他来到花园里一块大理石面前，语调严肃地对他说：

"我虽然是多那太罗的学生，但是我一直很遗憾，没能成为像他那样伟大的雕刻家，可是，也许我可以试着成为一名好老师。"停了停，他接着又说，"记住，你在雕刻的时候一定要顺着石头的纹理，这很重要。为了找到石头的纹理，可以先在石头上泼上水。"

白托多先生说着，把一桶水泼在面前那块大理石上。

"还有这些地方由于长时间的风吹雨打，变成了小空洞。这种小毛病表面上往往看不出来，但是，雕刻家要学会在内部发现它们。"

"要怎样发现呢？"

白托多笑笑，"你不是已经自己刻过石雕了吗？那么这个问题就由你自己来想。"

接着，白托多拿起身边的工具，一边演示，一边讲解：

"这个叫冲头，是用来冲打石头的；这两个是凿錾和平錾，是用来造型的。"说着，白托多用冲头有节奏地凿那块大理石，只见碎石片纷纷飞落下来，而他面前那块形状不规则的大理石，一会儿工夫就呈现一个圆形。

"凿石头时不能使蛮力气，要在各个地方均匀用力，那样才能使各部分平衡。"

米开朗基罗在一边静静地听着，生怕漏掉一点儿，他心想，原来凿石头就有这么多技巧，怪不得雕刻家那么难当。

"可是怎样才能知道石头里面是不是有洞呢?"米开朗基罗直到当天晚上睡觉的时候,还在想着这个问题,翻来覆去地睡不着。忽然,他想出该怎样做了。

第二天一早,米开朗基罗一声不响地摸黑起了床,没有惊动白托多先生。他想在白托多之前到花园,他要试试自己的方法是不是管用。

来到花园,米开朗基罗拿起一把榔头,用它敲击一块块大理石。没有孔洞的大理石发出钟磬一样清脆悦耳的声音,而有毛病的石头声音却是沙哑的。这样就成了,让石头自己说话来告诉我们。米开朗基罗想出了这个办法,心里得意洋洋。

"既然我又新学了这么多,不如再塑一尊石像试试吧。"他想。

说干就干,他选了一块大理石,这块石头的外层结了一层硬壳,他用榔头和錾子剥掉了外面的硬壳,里面露出了乳白色的石头。为了观察石头纹理的走向,他又握紧了榔头,削去了石头过分突出的地方。经过这番工作,米开朗基罗觉得很满意,这样就可以进行下一步了。

他拿起木炭,先用它在大理石上画了一个老人的头像。然后他又开了双腿,用膝盖夹住石块,拿起了榔头和錾子,按照他画的样子开始凿起来。

开始时,他还有些紧张,但随着石屑的溅落,他觉得自己的胳膊越来越轻松,越来越有力,凿的速度也越来越快,简直像疯了一样。

这时，白托多先生来了，看见他干得正欢，于是喊道：
"不行，不行，快停下，技术上有问题，快停下！"

可是此时的米开朗基罗根本听不到他的声音。白托
多又着急又好笑，一个劲儿地摇着头，无可奈何地说：
"这简直像火山爆发一样！"

三个弗洛林带来的快乐

来到府邸一周以后，一天早晨起来，米开朗基罗在
盥洗架上发现了三个弗洛林。他听白托多说过，以后罗
伦左先生会每周给他一些钱，可是米开朗基罗没想到会
这么快，更没想到会这么多。他高兴极了，决定用这钱
做点有意义的事。

上次在工地见到朱里奥后，米开朗基罗曾经到托马
左家里去看望了一趟。他们热情地招待了他，米开朗基
罗发现自己还像小时候一样喜欢这家人。同时发现这里
像他小时候在那一样，还是那么贫穷。

于是回来以后，他就常常想："在我小的时候，托
马左父亲和巴巴拉妈妈对我像亲生孩子一样照看，可惜
自己直到现在也没有能力报答他们。"

这次拿到了这么多钱，米开朗基罗马上想到了他
们。"对，我就找个时间，再去看看他们。"

"可是，送他们点什么呢？"米开朗基罗一时间想不

出来，他决定去找康黛辛娜商量商量。

自从那次晚宴以后，米开朗基罗和康黛辛娜就成了好朋友，两人年龄差不多，平时没事时就在一起聊聊天。他们都觉得对方懂得很多自己一窍不通的东西，说话时就长了许多见识。对于米开朗基罗来说，最主要的是，康黛辛娜从来都没有富人家子女的那种架子，而她的两个哥哥可就不一样，他们几乎从来不正眼瞅米开朗基罗，自尊心向来很强的米开朗基罗自然也就懒得理他们。

这会儿，米开朗基罗在图书馆找到了康黛辛娜。

"我想买一件礼物，你帮我出出主意好吗？"他开门见山地问。

"当然行了，可是你要送什么人呢？是送给一位小姐吗？"

"是送给一个妇女，我小时候的奶妈。"

"那就送她一张抽线花边的亚麻台布怎么样？"

"可是他们家有台布呀。"

"那么她的衣服多不多？"

"我记得，好像只有一套，她说那是她结婚时穿的。我小的时候，她就穿那件衣服，我上次去时她穿的还是那件衣服。"

"那就送她一件作弥撒时穿的黑衣服吧，怎么样？"

"这倒是个好主意！"

"那么她的身材是什么样的？"

这个难住了米开朗基罗，一时间回答不上。

"对了，我给你画一张她的像吧。"

说着，米开朗基罗随手拿起一支笔，凭着记忆开始画起来。画好之后，他把画拿起来瞧了瞧，咧嘴笑了：

"真有趣。"他说，"我一拿起画笔，就什么都想起来了。"说着，他把画递给康黛辛娜看。

"嗯，真不错，身体的各部分比例一看就知道了。这样我可以先让保姆陪我去商店买一块黑呢子，我的裁缝一定会按照你画的样子做一件合身衣服的。"

"你真是太好了，康黛辛娜!"米开朗基罗感激地说。

康黛辛娜当天就去买呢料。米开朗基罗完成了当天的功课后，又跑到圣灵广场的露天市场，为托马左家的其他人买礼物。而后他又跟府邸的仆人打了招呼，借了一匹马，一切准备就绪。

星期天上午，在府邸的小教堂里作完了弥撒，米开朗基罗就拿着他准备的礼物，穿着罗伦左先生新为他订做的衣服上路了。

米开朗基罗赶到时，托马左一家刚刚从教堂回来，大家坐在门前的一个石台上晒太阳，聊着闲话，度过一周中最悠闲的时候。这时候，他们看到有人骑着一匹银灰色骏马朝着他们来了，再近些一看，他们都惊呆了，原来是米开朗基罗。

转眼，米开朗基罗来到近前，一边和他们打招呼，一边翻身下马，把马拴在树上后，他就迫不及待地把带来的好东西分给大家。

"这是给巴巴拉妈妈作弥撒时穿的；这是给朱里奥的带扣子的皮带；这是给布鲁诺的衬衫和袜子；这条羊毛围巾

是给爷爷的，冬天可以用它来保护喉咙；这是给托马左爸爸买的高统靴，我想这样你到山洞里干活会方便些……"

大家对着滔滔不绝的米开朗基罗看了半天，好像不知道眼前发生的一切到底是怎么回事。

"米开朗基罗，你哪来这么多钱?"托马左爸爸禁不住问。

"噢，我还没告诉你们，我现在在罗伦左先生的府邸里学雕刻，这是他每周给我的零花钱。"

大家看来还没明白他的话，你看看我，我看看你。

"零花钱。"托马左接着问，"就是你的工资吗?"

"不是，我还没有真正开始工作。也许，这只是罗伦左先生不想让我为了钱的事分心，影响我学习雕刻，所以才给我零花钱吧。"

大家还是没有听得很明白，但是，总之，钱不是偷来的，也不是抢来的，那么他们尽可以好好地享用米开朗基罗送来的礼物了。

一会儿工夫，只见巴巴拉妈妈穿上了那件黑衣服，托马左爸爸蹬上了高统靴，朱里奥系上了皮带，布鲁诺穿上了金色的衬衫，老爷爷站在镜子前面，把那条柔软的羊毛围巾，在脖子上围了又围……

看到大家那么喜欢自己送给他们的礼物，米开朗基罗高兴极了。